HELM / EBBINGHAUS
ABRISS DER MITTELHOCHDEUTSCHEN GRAMMATIK

SAMMLUNG KURZER GRAMMATIKEN GERMANISCHER DIALEKTE

BEGRÜNDET VON WILHELM BRAUNE
FORTGEFÜHRT VON KARL HELM UND HELMUT DE BOOR

HERAUSGEGEBEN VON
HANS EGGERS UND HANS SCHABRAM

C. ABRISSE NR. 8
KARL HELM
ABRISS DER MITTELHOCHDEUTSCHEN GRAMMATIK

MAX NIEMEYER VERLAG TÜBINGEN 1995

ABRISS DER MITTELHOCHDEUTSCHEN GRAMMATIK

VON

KARL HELM

6., durchgesehene AUFLAGE
BEARBEITET VON ERNST A. EBBINGHAUS

MAX NIEMEYER VERLAG TÜBINGEN 1995

1. Auflage 1951
2. Auflage 1961
3. Auflage 1966
4. Auflage 1973   bearbeitet von E. A. Ebbinghaus
5. Auflage 1980

Die Deutsche Bibliothek – CIP-Einheitsaufnahme

Helm, Karl:
Abriß der mittelhochdeutschen Grammatik / von Karl Helm.
Bearb. von Ernst A. Ebbinghaus. – 6. Aufl. – Tübingen :
Niemeyer, 1995
  (Sammlung kurzer Grammatiken germanischer Dialekte : C, Abrisse ;
  Nr. 8)
NE: Ebbinghaus, Ernst A. [Bearb.]; Sammlung kurzer Grammatiken
germanischer Dialekte / C

ISBN 3-484-10185-7
© Max Niemeyer Verlag GmbH & Co. KG, Tübingen 1995
Das Werk einschließlich aller seiner Teile ist urheberrechtlich geschützt. Jede Verwertung außerhalb der engen Grenzen des Urheberrechtsgesetzes ist ohne Zustimmung des Verlages unzulässig und strafbar. Das gilt insbesondere für Vervielfältigungen, Übersetzungen, Mikroverfilmungen und die Einspeicherung und Verarbeitung in elektronischen Systemen.
Printed in Germany.
Gedruckt auf alterungsbeständigem Papier.
Druck: Allgäuer Zeitungsverlag, Kempten

VORWORT

Karl Helms Abriß der mittelhochdeutschen (mhd.) Grammatik ist ausschließlich dazu bestimmt, dem Anfänger in knapper und übersichtlicher Form den zur Lektüre der ersten Texte notwendigen grammatischen Stoff auf historischer Grundlage darzubieten. In der Anlage schließt er sich dem ebenfalls in dieser Reihe erscheinenden Abriß der althochdeutschen (ahd.) Grammatik von Wilhelm Braune an und bietet gewissermaßen dessen zeitliche Fortsetzung. Da das Studium des Mhd. heute oft ohne vorherige Beschäftigung mit dem Ahd. oder anderen germanischen Sprachen begonnen wird, sind sprachliche Vorgänge aus vormittelhochdeutscher Zeit in die Darstellung einbezogen, soweit sie für das Verständnis der Entwicklung des Mhd. erforderlich sind.

In der zweiten Auflage (1961) habe ich einige größere Änderungen und Ergänzungen eingeführt, die mir nach Erfahrungen im Unterricht notwendig erschienen; die Kritik hat mir darin allgemein zugestimmt.

Gelegentlich ist die Ansicht geäußert worden, daß das Buch nach neueren sprachwissenschaftlichen Theorien und Konzeptionen umgearbeitet oder neu geschrieben werden solle. Ich muß das ablehnen. Die betreffenden neuen Theorien, deren sprachwissenschaftlicher Wert durchaus umstritten bleibt, mögen gegebenenfalls Beiträge zur historischen Methode liefern, können sie aber nicht ersetzen.

Die Änderungen in der vorliegenden Auflage sind gering. Ich habe die Verweise auf Pauls Mittelhochdeutsche Grammatik (22. Auflage von H. Moser, I. Schröbler, S. Grosse; Tübingen 1982; zitiert als Paul) vermehrt, Druckfehler beseitigt, und mit Einvernehmen des Herrn Verlegers eine Karte der Sprachlandschaften beigegeben. Für einige Hinweise danke ich noch einmal dem verstorbenen Freund E. A. Philippson, und für die stets angenehme Zusammenarbeit dem Herrn Verleger R. Harsch-Niemeyer.

Bellefonte   E. A. Ebbinghaus

Januar 1995

EINLEITUNG

Die deutsche Sprache ist eine der westgermanischen Sprachen, deren äußerste, nordwestliche Gruppe das Englische und Friesische umfaßt, während das Deutsche die südliche Gruppe bildet.

Anm. 1. Zu der umstrittenen Frage der westgermanischen Spracheinheit s. Th. Frings, Grundlegung einer Geschichte der deutschen Sprache[3], 1957, bes. Kap. III u. die Literatur ebd. S. 77; A. Bach, Geschichte der deutschen Sprache ([8]1965), §§ 44 – 53 mit Lit.

Das Deutsche gliedert sich in das Hochdeutsche (Hd.), Niederdeutsche (Nd.) und Niederfränkische (Nfrk.)

Das Gebiet des Hochdeutschen reicht vom Süden des gesamtdeutschen Sprachgebietes nach Norden bis zu einer Linie, die von Westen nach Osten ziehend die Erstreckung der hochdeutschen Lautverschiebung (oft ungenau zweite Lautverschiebung genannt; § 32 ff.) zeigt: sogenannte Benrather Linie.

Die hd. Sprache liegt seit dem 8. Jahrhundert in Schriftdenkmälern vor. Zeitlich teilen wir sie in drei Abschnitte: das Althochdeutsche (Ahd.) bis etwa 1050, das Mittelhochdeutsche (Mhd.) bis etwa 1500 und von da an bis zur Gegenwart das Neuhochdeutsche (Nhd.), dessen früheste Epoche (bis etwa 1650) als Frühneuhochdeutsch bezeichnet wird.

Die mhd. Sprachepoche pflegt man (vorwiegend aus literarhistorischen Gründen) in drei Unterabschnitte zu gliedern: die frühmhd. Zeit (bis etwa 1170), die ‚klassische' Zeit (bis etwa 1350) und die spätmhd. Zeit (bis etwa 1500). – Von anderen wird bereits die Zeit von 1350 – 1650 zum Frühnhd. gerechnet, wodurch sich die Einteilung des Mhd. verschiebt. Sprachliche Veränderungen vollziehen sich allmählich, weshalb die angegebenen Jahreszahlen nicht als absolut anzusehen sind. Vgl. Paul § 1.

Räumlich zerfällt das hd. Sprachgebiet in Oberdeutschland und Mitteldeutschland. Doch pflegen die Mundarten des gesamten Gebietes für ahd. und mhd. Zeit verschieden eingeteilt zu werden. Für die ahd. Zeit unterscheiden wir oberdeutsch (obd.) und fränkisch (frk.), da andere mitteldeutsche (md.) Mundarten in dieser Periode literarisch noch kaum belegt sind. Im Mhd. unterscheidet man, vom Konsonantenstand (s. §§ 32 ff. ausgehend: 1. Oberdeutsch (Obd. = Hochalemannisch, Niederalemannisch [daraus seit dem 13. Jh. sich ausgliedernd das Schwäbische], Bairisch, Südfränkisch, Ostfänkisch). 2. Mitteldeutsch (Md.), das sich unterteilt in: a) Westmd. (= Rheinfränkisch, Moselfränkisch, Ripuarisch [die beiden letzteren zusammen oft = Mittelfränkisch]) und b) Ostmd. (Thüringisch, Obersächsisch, Hochpreußisch, Schlesisch). Die md. Mundarten umfassen das ganze Gebiet zwischen dem Obd. und dem Nd. Vgl. die Karte, S. IX, und Paul § 2.

Anm. 2. In mhd. Zeit gehört ins obd. Gebiet der Großteil der sogenannten höfischen Literatur: Hartmann von Aue, Gottfried von Straßburg, Wolfram von Eschenbach, Nibelungenlied, Reinmar von Hagenau, Walther von der Vogelweide. Den md. Mundarten gehört besonders in späterer Zeit eine reiche Literatur an: um 1200 Heinrich von Morungen, später namentlich die Deutschordensliteratur, die Literatur des böhmisch-schlesischen Kreises, wichtige Stücke der religiösen Dramatik.

Der Begriff Mittelhochdeutsch umschreibt also zeitlich nicht einen Sprachzustand, sondern eine Entwicklungsepoche des Hochdeutschen von rund 450 (bzw. 300) Jahren. In räumlicher Hinsicht faßt der Begriff die hd. Mundarten dieser Epoche zusammen. Eine über den Mundarten stehende Schrift- oder Hochsprache gibt es in mhd. Zeit nicht, nur eine Grobdialektisches meidende Sprachform, eine Literatursprache, die seit dem Ende des 12. Jh.s in der höfischen Literatur angewandt wird und anfangs mfrk. beeinflußt ist, später stark alemannisch (alem.)-ostfränkische Merkmale zeigt. Mit dem Ende der höfischen Literatur treten die Mundarten in der Dichtung und im Urkundenwesen mehr und mehr hervor.

Anm. 3. Der gelegentlich gebrauchte Ausdruck „gemeinmittelhochdeutsch" bezieht sich also nicht auf eine solche in Wirklichkeit nicht vorhandene Einheit, sondern soll immer nur von einer bestimmten Form feststellen, daß sie im ganzen mhd. Sprachgebiet gilt.

Anm. 4. Zur Frage der mhd. Schrift- bzw. Literatursprache s. Behaghel, Geschichte der Deutschen Sprache[5] § 150; Paul, §§ 3. 4.

Die Mundartgebiete, in ahd. Zeit kaum abzugrenzen, zeichnen sich in mhd. Zeit deutlicher ab und decken sich im Ganzen mit den heutigen (s. Karte auf Seite VIII, und Paul § 2).

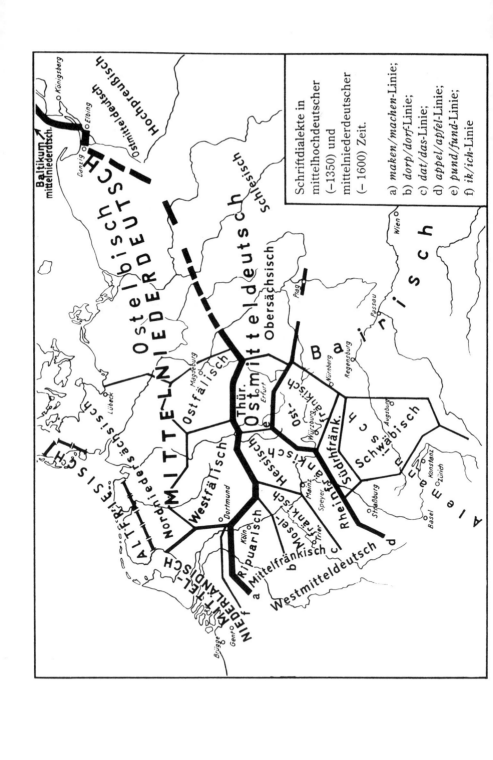

LAUTLEHRE

I. VOKALE

1. Die Vokale der Stammsilben

§ 1. Das Mhd. besitzt in den Stammsilben die folgenden Vokale:

1. die schon im Ahd. vorhandenen
   Kürzen: a e ë i o u
   Längen: â ê î ô û
   Diphthonge: ei ou uo
2. den Diphthong ie (aus ahd. *io* und *ia*)
3. die Länge *û* in der historischen Schreibung iu (aus ahd. Diphthong *iu*)
4. die ahd. noch nicht erscheinenden Umlaute ä ö ü æ œ û (geschrieben iu) öu üe.

Anm. 1. Manche Handschriften schreiben neben *n* und *m* statt *i* der Deutlichkeit wegen gern *y*, besonders in den kurzen Wörtern *yn, ym*.

§ 2. Zur Schreibweise und Aussprache (Paul §§ 5. 6.).

1. Die Länge der Vokale ist in den mhd. Handschriften nicht, oder nur selten bezeichnet, deshalb meistens nur etymologisch festzustellen.

2. Die e-Laute sind in der Aussprache sehr verschieden; ursprünglich ist: *e* geschlossene Kürze, *ë* offene Kürze, *ä* überoffene (weit offene) Kürze, *ê* geschlossene Länge, *œ* offene Länge.

Diese ursprünglichen Lautwerte sind in den Mundarten zum Teil sehr gewandelt; vgl. Paul § 6; Zwierzina, ZfdA. 44, 249. 251. 280. 295.

3. Die Umlaute dunkler Vokale und Diphthonge sind in den Handschriften oft unbezeichnet.

4. *ie, uo, üe* sind fallende Diphthonge mit dem Iktus auf dem ersten Bestandteil: *ie* (nicht *je* oder wie nhd. *ī*), *úo, üe*. – Dagegen ist *iu* stets *û* (nicht *íu*) zu sprechen.

§§ 3 – 5. Vokalwandlungen aus vorahd. Zeit.

Geschichtliche Entwicklung der mhd. Stammsilbenvokale

§ 3. Die urgermanischen, soweit nichts Gegenteiliges bemerkt = indogermanischen (idg.) Vokale der Stammsilben waren:
1. Kürzen: *a* (<idg. *a*, *o*, *ə*), *e*, *i*, *u* (z. T. erst germanisch, s. § 12).
2. Längen: *ǣ* (= germ. *ē*^{1} < idg. *ē*), *ē* (= germ. *ē*^{2} < idg. *ēi* ?), *ī* (< idg. *ī* und *ei*), *ō* (< idg. *ō* und *ā*), *ū* (< idg. *ū*); dazu neue *ā*, *ī*, *ū* gedehnt aus *a*, *i*, *u* vor der Lautgruppe *nx*, deren *n* im Germanischen schwand (*þanxta > *þâhta*, *þinxan > *þîhan*, *þunxta > *þûhta*), sogenannte Ersatzdehnung.
3. Diphthonge *ai* (< idg. *ai* und *oi*), *au* (< idg. *au* und *ou*), *eu*.

Vokalwandlungen allgemeiner Art

Abgesehen von dem mit seiner Entstehung in vorgermanische Zeit zurückreichenden Ablaut (s. § 12) sind die folgenden Vokalwandlungen germanischer (germ.) oder späterer Zeit, in zeitlich und räumlich verschiedenem Umfang, für die Gestalt des Mhd. von Bedeutung geworden.

a) Aus vorahd. Zeit (Paul §§ 16–19)

§ 4. Germ. *ë* wird schon im ersten Jahrhundert nach Chr. zu *i* (*ë* > *i*):
1. vor *i*, *j* der folgenden Silbe: ahd. *hëlfan* – *er hilfit*, mhd. *hëlfen* – *hilfet*,
2. vor Nasal + Konsonant: lat. *of-fendix* ‚Knoten' – mhd. *binden*.
3. Hinzu kommt in ahd. Zeit derselbe Übergang vor einem *u* der Folgesilbe: ahd. *ich hilfu* – mhd. *ich hilfe*.

§ 5. Assimilation an ursprüngliches *e*, *a*, *o* in der Folgesilbe (Grimms ‚Brechung') tritt außer bei dazwischenstehendem Nasal + Konsonant in folgenden Fällen ein:
1. Germanisch *i* > *ë*: lat. *vir* – ahd. *wër* (< germ. *wëraz < idg. *wiros), lat. *vices* – ahd. *wëhsal*, mhd. *wëhsel*.
Dieser Wandel ist vielfach unterblieben oder unter Systemzwang wieder beseitigt, so stets im Part. Praet. der ablautenden Verba der ersten Klasse: ahd. *garitan*, mhd. *geriten*, s. § 104.
2. Voralthochdeutsch *u* > *o*: ahd. *wir hulfum*, mhd. *hulfen*, aber ahd. *gaholfan*, mhd. *geholfen* – dagegen ahd. *gabuntan*, mhd. *gebunden*, s. § 106.
3. Eine Kombination der in § 4 und § 5, 1. 2 genannten Vorgänge ergibt die Spaltung des german. Diphthongs *eu*. Dieser erscheint:

a) vor *a, e, o* der Folgesilbe als ahd. *eo, io,* mhd. *ie:* ahd. *beotan, biotan,* mhd. *bieten;*

b) vor *i, j, u* der Folgesilbe als ahd. *iu,* mhd. *iu* (gesprochen *ü*, s. §§ 1,3; 8,2): ahd. *ich biutu, du biutis,* mhd. *ich biute, du biutest.*

Anm. 1. Vor *w* bleibt *iu* auch vor ursprünglichem *a:* ahd. *triuwa,* mhd. *triuwe.*

b) Aus ahd. und mhd. Zeit

§ 6. Der Umlaut. Wir nennen so die in allen germanischen Sprachen, außer dem Gotischen, begegnende Erscheinung, daß der Vokal einer betonten Silbe durch einen Vokal der Folgesilbe in einen geschlosseneren Vokal gewandelt wird. Man unterscheidet *i-, j-* und *u-* Umlaut. Letzterer ist im Nordischen und Angelsächsischen reichlich belegt; er fehlt im Deutschen, doch ist der in § 4, 3 erwähnte Übergang *ĕ* > *i* vor *u* damit nah verwandt.

Der *i-, j*-Umlaut hat dagegen im Deutschen großen Umfang. Er beginnt im Ahd. des 8. Jh.s, wo zuerst der Wandel von *a* > *e* in der Schrift zum Ausdruck kommt: ahd. **gasti* > *gesti,* mhd. *geste* ('Primärumlaut'). Während der Umlaut der übrigen umlautfähigen Vokale auch schon dem gesprochenen Ahd. angehört haben muß, zeigt er sich jedoch noch nicht in der ahd. Schreibung (doch s. § 22 über *û* > *iu*) und wird erst im mhd. Schriftbild faßbar (s. §§ 13. 16. 17. 18. 21. 24.)

Anm. 1. Der den Umlaut bewirkende Laut steht meist in der unmittelbar folgenden Silbe; der Vokal der zweitfolgenden Silbe bewirkt ihn nur auf dem Weg über Assimilation des Mittelsilbenvokals: ahd. *nagali* > *nagili* > *negili;* mhd. *negel(e).*

Anm. 2. Die Suffixe *-nisse, -ære* (< ahd. obd. *-āri*), *-ere* (< ahd. frk. *-eri* < *-ari* < *-āri*) haben mhd. nur unregelmäßig Umlaut bewirkt, ebenso *-lich* und *-lîn,* doch ist die genaue Feststellung wegen der mangelhaften Bezeichnung des Umlautes in den Hss. oft nicht möglich (Paul § 18, Anm. 14 u. 15).

§ 7. Diphthongierung. 1. Bereits ahd. (außer mfrk.) wird *ê²* > *ea* > *ia, ie,* mhd. *ie* (s. § 19). – 2. Ebenso (außer mfrk.) wird *ô* > *oa, ua, uo,* mhd. *uo* (s. § 21). – 3. Im Laufe der mhd. Zeit werden, bairisch im 12. Jh. beginnend, die langen Vokale *î, û, iu* diphthongiert: *î* > *ei* (*wîn* > *wein,* *grîfen* > *greifen*), *û* > *au* (*mûs* > *maus, tûbe* > *taube*), *iu* > *äu, eu* (*liuten* > *läuten, miuse* > *mäuse; liute* > *leute*). Diese Diphthongierung breitet sich im späteren Mhd. weiter aus, erreicht das Böhmische, Schlesische, das Obersächsische mit dem Ostthüringischen, kurz vor 1500 das Rheinfränkische und nach 1500 das Schwäbische. Im übrigen Alemannischen (außer dem Schwäbischen), im Ripuarischen, Westthüringischen und Osthessischen ist sie nicht durchgedrungen. – 4. Im Schwäbischen des 13./14.Jh.s wird $â > au$ (s. § 18).

§ 8. Monophthongierung.

1. Bereits frühahd. wird in bestimmten Stellungen germanisch $ai > ê$ (s. § 23), $au > ô$ (s. § 24).
2. Spätahd. wird iu (aus eu) zu $û$ und fällt mit dem Umlaut aus $û$ zusammen (§ 22). Das Schriftbild bleibt iu.
3. In mhd. Zeit monophthongieren md. Mundarten $ie > î$ (s. § 25, Anm. 3), $uo > û$ und $üe > û$ (s. § 21, Anm. 1.).

§ 9. Die nhd. Dehnung kurzer Vokale in offener Silbe ist seit dem 13.Jh. im Mitteldeutschen durch den Reimgebrauch festzustellen: *tages* > *tāges*. Die Länge wird später auch unter Systemzwang in geschlossene Silben übertragen: etwa *tāg* nach *tāges*.

Anm. 1. Auch Stellung des Vokals vor r + Konsonant begünstigt in manchen Mundarten die Dehnung.

§ 10. Kürzung langer Vokale, auch solcher, die erst mhd. aus Diphthongen durch Monophthongierung entstanden sind (§ 8,3), tritt vielfach vor Konsonantenverbindungen, besonders vor ht ein: mhd. *dâhte* > *dahte*, *lieht* > *licht*; *stuont* > *stunt*.

§ 11. Kontraktion. Im ganzen Gebiet in verschiedener Verbreitung (Paul §§ 69–74. 98, Anm. 2) anzutreffen ist die Kontraktion gleicher oder verwandter Vokale über die ursprünglich zwischenstehenden schwindenden Konsonanten h, g, d, b (s. § 38, Anm. 2; § 39, Anm. 2; § 41, Anm. 2; § 43, 2.)

Der Ablaut (Paul § 15)

§ 12. Unter Ablaut versteht man einen gesetzmäßigen Wechsel von bestimmten Vokalquantitäten und -qualitäten in etymologisch verwandten Wurzel- und Bildungssilben. Dieser Wechsel ist bereits in idg. Zeit eingetreten. Seine Ursache(n) sind umstritten; viele wollen sie in der verschiedenen Lage und Art des idg. Wortakzents sehen.

Der Ablaut durchzieht die gesamte Wort- und Stammbildung der idg. Sprachen. Das Mhd., das ihn wie alle übrigen germ. Sprachen geerbt hat, zeigt ihn jedoch nur noch in Wurzelsilben; in den Bildungssilben (Suffixablaut) ist er durch den Verfall der Endsilben verwischt.

Anm. 1. Suffixablaut ist z.T. noch im Ahd. sichtbar, z.B. GD.Sg. *boten* A.Sg. *boton* § 71; s. auch §§ 70. 84.

§ 12. Der Ablaut

Es sind zwei Arten von Ablaut zu unterscheiden: 1. Quantitativer Ablaut (= Abstufung): Wechsel der Vokalquantität (auf Grund wechselnder Tonstärke bei dynamischem Akzent?). Hierbei werden folgende Ablautstufen unterschieden: Vollstufe (V) = kurzer oder primär langer Vokal unter idg. Haupton; Dehnstufe (D), nur bei kurzvokaliger Vollstufe vorhanden, = der Vollstufenvokal als Länge; die Entstehung der D ist äußerst strittig; Reduktions- oder Tiefstufe (R) = Reduktion des Vollstufenvokals (unter idg. Schwachton?) zu schwachem (reduziertem) Vokal; Schwundstufe (S) = völliger Verlust des Vokals durch Tonlosigkeit.

Anm. 2. In Silben mit Liquida oder Nasal werden diese bei Verlust des silbetragenden Vokals silbisch ($r̥$ $l̥$ $m̥$ $n̥$) und entwickeln im Germ. einen neuen silbetragenden Vokal u ($l̥ > ul$, $m̥ > um$ usw.), der mhd. als u oder o (s. § 5) erscheint.

2. Qualitativer Ablaut (= Abtönung): Wechsel der Vokalqualität (Färbung) vielleicht auf Grund wechselnder Tonhöhe (musikalischer Akzent). Es sind zu unterscheiden: die Abtönung der Vollstufe (A) und die Abtönung der Dehnstufe.

Die miteinander ablautenden Vokale faßt man in Ablautsreihen zusammen, die nach ihrer V und A benannt werden. Eine der für das Germ.-Mhd. wichtigsten Ablautreihen ist die idg. e/o- (= germ. e/a-) Reihe. Sie ist durch die verschiedenen dem ablautenden Vokal folgenden Konsonanten in weitere 5 Reihen gespalten, welche die Grundlage für die Stammbildung der danach benannten ablautenden Verben der Klassen I–V bilden.

Anm. 3. Über den Ablaut der abl. Verben der Klasse VI s. § 109.

Beispiele:

		V	A	S
1.	idg.	e$\widehat{i}$	o$\widehat{i}$	i
	germ.	î	ai	i
	mhd.	î	ei	i
		rîsen	reis	wir risen
			weiʒ	wiʒʒen
			(ai > ê § 23)	list (m.)
			lêren	
2.	idg.	e$\widehat{u}$	o$\widehat{u}$	u
	germ.	eo, iu	au	u, o
	mhd.	ie, iu	ou	u, o
		liegen, liuge	louc	lüge (f.), gelogen
		bieten, biute	(au > ô § 24)	bote (m.), geboten
			bôt	
		siech		suht (f.)

3.4. mit Liquida oder Nasal nach dem Vokal; z.B.

Beispiele:

	V	A	S(R)
idg.	ĕl	ol	3. ļ 4. R ъl
germ.	ĕl, il	al	ul, ol
mhd.	el, il	al	ul, ol
	hëlfen, hilfet	half	hulfen, geholfen
	binden	bant	der bunt, gebunden
	bërn	barn (n.)	geburt (f.)

5. mit Muta nach dem Vokal; z.B.

idg.	eb	ob	R ъb
germ.	ĕb, ib	ab	ĕb
mhd.	ĕb, ib	ab	ĕb
	gëben, gibet	gap	gegëben
	gift (f.)		
	sëhen	sah	gesëhen
	siht (f.)		

Weitere Beispiele zum Ablaut s. § 104ff.

Die einzelnen Vokale der Stammsilben (Paul §§ 28–52)

a) Kurze Vokale

§ 13. Germ. *a* (got. ahd. as. *a*) ist

1. mhd. *a* geblieben, soweit nicht Umlaut eintrat: *gast, kraft, gap, kante*.
2. durch ein ursprünglich in der folgenden Silbe stehendes, im Mhd. meist geschwundenes oder zu *e* gewordenes, *i, j* in einen *e*-Laut umgelautet worden.

Dieser ist gemeinmittelhochdeutsch ein geschlossenes *e* in den Fällen des schon im Ahd. des 8. Jh.s erkennbaren Primärumlauts (s. § 6): ahd. *gesti*, mhd. *geste;* as. *hellia*, ahd. *hella*, mhd. *helle;* got. *kannjan*, ahd. mhd. *kennen;* ahd. *kreftîg*, mhd. *kreftec*.

In den Fällen, in denen das Eintreten des Umlauts durch zwischenstehende Konsonanten (*ht, hs,* Kons. + *w;* obd. auch *l* + Kons., *r* + Kons., *ch* und meist germ. *h*) verzögert und im Ahd. in der Schrift noch nicht zum Ausdruck gekommen war, dringt er seit dem 12. Jh. ebenfalls durch. Das Ergebnis dieses „Sekundärumlautes" ist im Md. ein offenes *e*, im Obd. ist der Laut überoffen; er wird hier durch *ä* (in md. Handschriften

§§ 14. 15. 16. Kurze Vokale: Germ. *ĕ, i, u* – § 17. Lange Vokale: Germ. *ā*

meist durch e) bezeichnet: ahd. *mahti*, mhd. *mähte, mähtec;* ahd. *balgi*, mhd. (obd.) *bälge;* ahd. **garwjan > garwen*, mhd. *gärwen*.

> Anm. 1. Auch ein *i* der dritten Silbe bewirkt im Mhd. in der Regel Umlaut: *mägede; negel(e)* (s. auch § 6, Anm. 1).
>
> Anm. 2. In einzelnen Fällen wird Umlaut bewirkt durch die Endung *iu:* z. B. alem., bair., frk. *älliu, e-* (md. *elle*); durch *ei: ärbeit;* durch *sch:* alem. *äsche* (Paul, § 18, Anm. 2, 2 u. § 136, Anm. 2; § 29, Anm. 1b; § 18, Anm. 6).

§ 14. Germ. *ĕ* (got. *i*, bzw. *ai*) ist in allen germanischen Sprachen (außer dem Gotischen) vor einem *a, e, o* der Folgesilbe außer vor Nasalverbindungen erhalten geblieben, vor Nasalverbindungen und vor *i, j* der Folgesilbe, ahd. auch vor *u*, in *i* übergegangen (§ 4).

Dem entspricht die mhd. Vertretung: ahd. *nĕman*, mhd. *nĕmen;* ahd. *nimu, nimis*, mhd. *nime, nimest;* mhd. *bĕrc*, ahd. *gibirgi*, mhd. *gebirge;* ahd. *ĕrda*, mhd. *ĕrde*, ahd. mhd. *irdîn;* ahd. *hĕlfan*, mhd. *hĕlfen;* ahd. *bintan*, mhd. *binden;* ahd. *filu*, mhd. *vil(e)*.

Das erhaltene *ĕ* ist md. offener *e*-Laut, obd. offen vor Liquida und *h*, sonst geschlossen; vgl. § 2.

§ 15. *i* (got. *i* bzw. *ai*) bleibt wie ahd. so auch mhd. erhalten: *schif, wiȝȝen, geriten*.

Über die wenigen Fälle der Brechung vor einem *a* der Folgesilbe s. § 5.

§ 16. Germ. *u* (got. *u*, bzw. *aú*) ist (außer im Gotischen) in allen germ. Sprachen, so auch ahd. und mhd., vor altem *a, e, o* der Folgesilbe außer vor Nasalverbindungen zu *o* geworden; es bleibt erhalten vor Nasalverbindungen und vor *i, j, u* der Folgesilbe; vor *i, j* wird es dann mhd. zu *ü* umgelautet:

Ahd. *gibotan*, mhd. *geboten;* aber ahd. *gibuntan*, mhd. *gebunden;* ahd. *du buti, wir butun*, mhd. *büte, buten;* mhd. *vol*, aber *füllen;* got, aber *gütin;* ahd. *wolla, wullîn*, mhd. *wolle, wüllen*.

> Anm. 1. Da vor *i, j* der Übergang *u > o* nicht erfolgt, ist auch der Umlaut *o > ö* lautgesetzlich nicht möglich; doch begegnet er mhd. nicht selten in analogisch gebildeten neuen Pluralen wie *boc – böcke* nach dem Muster der *i*-Deklination, *loch – löcher* (statt älterem **luhhir*) nach *lamb – lember;* bei movierten Femininen wie *got – götin* (statt älterem *gütin*) und anderen Ableitungen.

b) Lange Vokale

§ 17. Germ. *ā* (got. *â*), nicht aus dem Indogermanischen ererbt, sondern gemeingermanisch in der Lautgruppe *anx* durch Dehnung des *a* bei Verklingen des *n* entstanden (§ 3, 2), bleibt wie in allen andern germ. Sprachen auch mhd. erhalten: **fanxan >* mhd. *fâhen*, **branxta >* mhd. *brâhte*. Es fällt lautlich mit dem aus germ. ǣ (ē¹) westgermanisch und nordisch entstandenen ā zusammen und teilt dessen weitere Schicksale (Umlaut, Verdunkelung usw.); s. § 18.

§ 18. Germ. ǣ (= ē¹, > got. geschlossenes ē) ist schon vorliterarisch im ganzen Westgermanischen zu â geworden, so auch mhd.: got. *slēpan*, mhd. *slâfen;* got. *nēmum*, mhd. *wir nâmen*.

Spätalthochdeutsch fränkisch und dann mhd. ist jedes â (auch das von § 17) vor ursprünglichem *i, j* der Folgesilbe zu æ umgelautet: got. *mērs*, ahd. *mâri*, mhd. *mære;* ahd. *du nâmi*, mhd. *du næme*, Konjunktiv *wir næmen; brâhte*, Konj. *bræhte;* *âhtjan* > *æhten*. Dieser æ-Laut hat im Md. offene, im Obd. überoffene Qualität.

Kürzung findet statt nach § 10.

In großem Umfang, nordbairisch schon seit dem 12. Jh., alem. seit dem 13. Jh. wird â zu offenem ô (Reime *getân : lôn*), schwäbisch seit der zweiten Hälfte des 13. Jh. zu *au: schlaufen* (Paul § 116, 1, 18).

§ 19. Germ. ē (= ē², > got. geschlossenes ē) wurde in ahd. Zeit über *ea, ia* zu *ie* diphthongiert, das seit der zweiten Hälfte des 9. Jahrhunderts und im Mhd. herrscht: *hier, ziere, Grieche*.

Dieser ursprünglich sehr seltene Laut erhielt im Deutschen Zuwachs durch die Praeterita der reduplizierenden Verba der ersten Klasse, wie altsächsisch *lêt*, mhd. *liez* und durch einige Fremdwörter, mit vulgärlat. ē: *ziegel* (< *tēgula*), *brief, priester*.

Anm. 1. Vom 10./11. Jahrhundert an fällt mit ihm das aus *io* entstandene *ie* zusammen, dessen weitere Schicksale es teilt; s. § 25.

§ 20. Germ. ī (got. *î*, geschr. *ei*) bleibt im mhd., wie ahd., zunächst erhalten: *grîfen, mîn, wîn, wîs, rîche*.

Über die in der nhd. Schriftsprache herrschend gewordene Diphthongierung dieser *î* zu *ei*, ihren Beginn und ihre mundartliche Verbreitung im späteren Mhd. s. § 7.

Anm. 1. Kürzung von *î* kann nach § 10 eintreten.

§ 21. Germ. ō wurde in ahd. Zeit über *oa, ua* zu *uo* diphthongiert, das im 9.Jh. und dann mhd. herrscht: *bruoder, fuoz, fuor, guot*.

Vor ursprünglichem *i, j* der Folgesilbe wird *uo* zu *üe* umgelautet: *fuoz - füeze, fuor - du füere*.

Anm. 1. Seit dem 11. Jahrhundert tritt in fränkisch-mitteldeutschen Mundarten oft die in der nhd. Schriftsprache herrschend gewordene Monophthongierung *uo* zu *û, üe* > *û* ein. Kürzung dieser *û* bzw. *û* kann nach § 10 eintreten.

§§ 23. 24. 25. Diphthonge: Germ. *ai, au, eu*

§ 22. Germ. *ū* (got. *û*) bleibt im Mhd., wie ahd., zunächst erhalten: *brût, mûs, tûbe, dûhte*.

Vor ursprünglichem *i, j* der Folgesilbe wird es zu einem langen *ü*-Laut umgelautet. Dieser Umlaut wird schon im Ahd. um 1000 (Notker) durch die auch im Mhd. geltende Schreibung *iu* (vgl. § 2,4) faßbar: ahd. *brûti* (Notker *briute*), mhd. *briute; lût,* (**lûtjan* >) *liuten; dûhte,* Konjunktiv ahd. *dûhti* > mhd. *diuhte*.

Über die in der nhd. Schriftsprache herrschend gewordene Diphthongierung dieser *û* zu *au* und *iu* zu *äu* s. § 7.

Anm. 1. Kürzung von *û* bzw. *iu* kann nach § 10 eintreten.

c) Diphthonge

§ 23. Germ. *ai* (got. geschr. *ai*) war schon ahd. vor *r, w* und vor germ. *h* (nicht vor ahd. *h, hh,* § 36) zu *ê* monophthongiert worden, das dann auch im Mhd. bleibt: mhd. *lêren* (got. *laisjan*); ahd. *sêo,* mhd. *sê,* Gen. *sêwes;* ahd. mhd. *zêh*. Dieser *ê*-Laut ist obd. offen, md. jedoch geschlossen.

Sonst bleibt germ. *ai* als Diphthong erhalten, wird jedoch schon frühahd. zu *ei,* das auch im Mhd. die normale Gestalt bleibt: ahd. mhd. *stein, heil, leiten,* Praet. *greif* usw.

Anm. 1. Einige Fälle der Monophthongierung zu *ê* vor Dentalen und im Wortauslaut: ahd., mhd. *wênec, zwêne, bêde; wê*.

Anm. 2. Im Bairischen und Schwäbischen wird das mhd. *ei* im 12. Jahrhundert wieder zu *ai: tail, stain,* so daß dort kein Zusammenfall mit dem neuen aus *î* entstehenden *ei* (s. § 7) eintritt; z.B. *wîsheit* > (schwäb.) *weishait*.

§ 24. Germ. *au* (got. geschr. *au*) war schon ahd. vor germanisch *h* (aber nicht vor ahd. *h, hh,* § 36) und vor allen Dentalen (*d, t, s, ʒ, n, r, l*) zu (anfangs offenem, später geschlossenem) *ô* monophthongiert worden, das auch mhd. bleibt: *hôh* (got. *háuhs*), *lôn, stôʒen, bôt, ôre*.

Vor ursprünglichem *i, j* der Folgesilbe wird dies *ô* zu *œ* umgelautet: mhd. *hœren, hœher* (< ahd. *hôhiro*).

In anderen Stellungen bleibt *au* als Diphthong erhalten, wird aber schon im 9. Jh. zu *ou,* das auch im Mhd. die normale Form des Diphthongs ist: *boum, houbet, ouge,* Praet. *bouc* (gegen *bôt*).

Der Umlaut des *ou* vor ursprünglichem *i, j* der Folgesilbe ist im Mhd. offenbar wenig ausgebildet und wird oft nicht geschrieben. Es scheint, daß im Oberdeutschen labiale Konsonanten den Umlaut hindern, wo md. Mundarten ihn haben: obd. *houbet,* md. *heubet* u.a.

§ 25. Germ. *eu* (got. *iu*) ist entsprechend der in § 5, 3 besprochenen Spaltung auch im Mhd. in zweifacher Weise vertreten: 1. vor ursprünglichem *a, e, o* als *ie*, 2. vor ursprünglichem *i, j* als *û* (geschrieben in historischer Schreibung *iu;* s. § 8, 2); z.B. *bieten* (ahd. *biotan*) – *ich biute* (ahd. *biutu*); *lieht* – *liuhten* (<* *liuhtjan*); *diet* – *diutisk*.

Anm. 1. Die Praeterita der reduplizierenden Verba der zweiten Klasse haben keinen Wechsel: *stieʒ*, Konjunktiv *stieʒe* (aus *stioʒi*).

Anm. 2. Vor *w* bleibt auch mhd. stets *iu: triuwe* (s. § 5, Anm. 1).

Anm. 3. In md. Mundarten wird seit dem 11./12. Jahrhundert *ie* oft monophthongiert zu *î* wie in der nhd. Schriftsprache.

Anm. 4. Dem aus germ. *eu* entstandenen mhd. *ie* schließt sich der aus ursprünglichem *ë* + *w* entstandene Stammvokal des Wortes ahd. *knëo*, mhd. *knie* an.

Anm. 5. Das aus *eu* entstandene *û* unterliegt wie der Umlaut von *û* in einem Teil des Sprachgebietes späterer Diphthongierung, s. § 7.

2. Die Vokale der Nebensilben (Paul §§ 24–27)

§ 26. Von den vollen Vokalen der ahd. Flexionssilben bleiben im Mhd. nur Oberdeutsch erhalten die *iu* (mhd. gespr. *iû*) im Nom. Sg. Fem. und Nom. Akk. Pl. des Neutrums der starken Adjektiva und Pronomina: *quotiu, diu, anderiu*. Mitteldeutsche Mundarten haben statt dessen einen reduzierten Vokal, der *e* geschrieben wird: *quote, die, andere*.

Alle anderen Flexionssilbenvokale sind durchaus zu einem reduzierten Vokal abgeschwächt, dessen Qualität unbestimmt ist; die Schreibung ist *e*, in md., aber auch in obd. Handschriften häufig *i*, was jedenfalls für das Md. auf eine helle Klangfarbe weist. Beispiele: ahd. *tagun*, mhd. *tagen* (md. oft *tagin*); ahd. *gestim*, mhd. *gesten* (md. oft *gestin*); ahd. *gëbôm*, mhd. *gëben* (md. oft *gebin*). – Doch erscheinen die vollen Vokale öfters in Restformen im Alemannischen, seltener im Bairischen: *dannân, gebôn*, besonders bei den schwachen Verben der zweiten Klasse: *gesëgenôt*, neben *gesëg(e)net*, sowie im Superlativ: *oberôst, oberist* neben *ober(e)st*.

§ 27. Die vollen Vokale der Bildungssilben, ob sie nun in Mittelsilben oder nach Abfall alter Endungen in Endsilben auftreten, bleiben erhalten, wenn sie einen Nebenton tragen: *heilant, schrîbære, manunge, finsternisse*. Vokale unbetonter Mittelsilben werden zu *e* abgeschwächt; also ahd. *rîtâri* – mhd. *rîtære* aber ahd. *riteri* – mhd. *riter*.

Vollständige Synkope alter voller Mittelsilbenvokale ist in der Wortbildung selten, ahd. *hêriro*, mhd. *hërre*, jedoch Regel im Praeteritum der schwachen Verba erster Klasse mit langer Stammsilbe: *brennen* – *brante; hœren* – *hôrte* (sogenannter Rückumlaut). Hier ist die Synkope des alten *i* schon ahd. vor Eintritt des Umlauts erfolgt (daher ahd. **brannita > branta*); s. §118.

§ 28. Unbetontes *e* wird nach kurzer Silbe, die auf *r, l*, in geringerem

Umfang auch auf *n*, *m*, ausgeht, in- und auslautend abgestoßen: *spërs*, *nert*, *vil*, *engels*, (ahd. *mëlo* >) *mël*; *hano* > *han(e)*, *namo* > *nam(e)*, *dem(e)*.

Bei zweisilbigen Wörtern wie *market* wird in den dreisilbigen Flexionsformen das *e* in der Mittelsilbe unterdrückt: *marktes*.

Wo sonst zwei oder gar drei an sich unbetonte Silben mit schwachem *e* aufeinander folgen, entscheidet der Satzrhythmus über Erhaltung oder Verlust der Silben; so wird ahd. *mihhelemo* zu mhd. *michelem* oder *michelme*.

Ebenso sind die zwischen *r* und *h*, *l* und *h*, Konsonant und *w* in älterer Sprache entwickelten Mittelvokale im Mhd. je nach dem Satzrhythmus erhalten oder ausgestoßen: ahd. *farawa*, mhd. *fárewè*, *fárwe*.

Wesentlich weiter gehen Synkope und Apokope im Obd. (z. B. *bat* = *badet* usw.), wo auch der Vokal vortoniger Präfixe oft ausfällt *(gsîn* = *gesîn)*, doch bleiben funktionstragende Vokale vor der Apokope bewahrt, s. Paul § 24.

II. KONSONANTEN
(Paul §§ 76–116)

§ 29. Die Entwicklung der Konsonanten vom Indogermanischen zum Mittelhochdeutschen vollzieht sich in mehreren Etappen.

Das Indogermanische besaß

A. an Geräuschlauten:
  1. die Verschlußlaute *t, p, k; d, b, g*.
  2. die aspirierten Verschlußlaute *th, ph, kh; dh, bh, gh*.
  3. den stimmlosen Spiranten *s*.

B. an sonoren Konsonanten: sicher die Liquiden und Nasale *l, r, n, m*.

Durch die germanische Lautverschiebung wurden von diesen Lauten die Geräuschlaute in ihrer Artikulationsart stark verändert, während die sonoren Konsonanten unverändert blieben.

§ 30. Das Urgermanische besaß danach die folgenden Konsonanten:

A. Geräuschlaute:
  1. Harte (stimmlose) Verschlußlaute *t, p, k* aus idg. *d, b, g*
  2. Harte (stimmlose) Spiranten (oder Reibelaute) *s, þ, f, x* aus idg. *s; t, th; p, ph; k, kh*.
  3. Weiche (stimmhafte) Spiranten (oder Reibelaute) *z, đ, ƀ, γ* aus idg. –, *dh, bh, gh* oder aus *s, t, p, k* über germanisch *s, þ, f, x* (s. Vernersches Gesetz u. Grammatischer Wechsel § 50).

B. Sonore Konsonanten: *w, j; r, l, m, n*.

Viele Konsonanten kommen schon urgermanisch auch verdoppelt (geminiert) oder gedehnt vor; vgl. got. ahd. *wissa*, *rinnan*, got. *fulls*.

§ 31. Im Westgermanischen sind die Geminaten stark vermehrt, weil außer *r* alle Konsonanten vor *j*, seltener vor *r, l, n*, verdoppelt werden (westgermanische Konsonantengemination): got. *bidjan*, as. *biddian*, mhd. *bitten;* got. *sibja*, as. *sibbia*, mhd. *sippe;* got. *wilja*, as. *willio*, mhd. *wille;* got. *rakjan*, ahd. mhd. *recken; –* got. *akrs*, ahd. *akkar;* an. *epli*, as. *appul*, ahd. *aphul;* mhd. *rabe* (< **χraban-*), mhd. *rappe* (< **χrabbn-*); vor *w* werden nur germ. k^w und χ^w (= got. *q,hv*) geminiert: got. *aqizi*, ahd. *ackus*, mhd. *ackes*, got. *saihvan*, ahd. (selten) *sehhan*.

Anm. 1. Erst aus ahd. Zeit stammen die Geminaten, die in der hochdeutschen Lautverschiebung entstanden (s. § 32 ff.) oder durch Vokalausfall wie ahd. **leitita > leitta*.

Alle Geminaten sind im Mhd. vor Konsonant, im Auslaut und nach langem Vokal vereinfacht: *brennen – brante, ëʒʒen – iʒ, slâfen, leite; wisse* aber *muose*.

Abgesehen von der eventuellen Gemination bleiben im Westgermanischen die harten Verschluß- und Reibelaute unverändert. Die weichen Reibelaute erleiden dagegen die folgenden Veränderungen: 1. *z* wird inlautend zu *r*, auslautend schwindet es: got. *maiza*, ahd. *mêro;* got. *huzd*, ahd. mhd. *hort;* germ. **δaγaz*, got. *dags*, mhd. *tac*. – 2. Germ. *d* wird in allen Stellungen Verschlußlaut *d*. – 3. Germ. *b* wird im Anlaut, nach *m* und bei Gemination Verschlußlaut *b: bëran, lamb, sibbja;* sonst bleibt es Reibelaut. – 4. Germ. *γ* ist in seinem westgerm. Lautwert nicht mit Sicherheit zu bestimmen; die Schreibweise in den Einzelsprachen ist durchgehends *g*.

A. Die Geräuschlaute
Die hochdeutsche Lautverschiebung
(Allgemeines)

§ 32. In der hochdeutschen Lautverschiebung werden vor Eintritt der literarischen Quellen die westgerm. harten Verschlußlaute *t, p, k* und die westgerm. Fortsetzungen der germ. weichen Spiranten (s. § 31) in mundartlich verschiedenem Umfang hinsichtlich ihrer Artikulationsart weiter verändert.

Die westgerm. harten Spiranten werden von dieser Verschiebung nicht betroffen. Der Übergang von *þ* in *d* erfolgt erst später und reicht über das hochdeutsche Gebiet hinaus (s. § 41).

Der im Ahd. erreichte Stand der Geräuschlaute ist im Mhd. mit geringen Ausnahmen unverändert geblieben.

In der folgenden Tabelle der hd. Lautverschiebung sind die Beispiele

§§ 32. 33. Hd. Lautverschiebung

in ihrer mhd. Gestalt gegeben. Die erste Reihe zeigt die Verhältnisse in Anlaut, Gemination, In- und Auslaut nach Konsonant, die zweite gibt den Stand im In- und Auslaut nach Vokal an. – Kursivsatz bedeutet: Hochdeutsche Verschiebung.

I

idg.		d lat. edo		b lat. (s)lābi		lat. gelidus	g	ego
germ.		t ëtan		p slēpan			k	ik
westgerm.	tīd	t ëtan		p slāpan		kald	k	ik
mhd.:								
mfrk.	zît	z ʒʒ	ëʒʒen	p	*ff, f* slâfen	kalt	k *ch*	ich
	sitzen	(t)	dat			wirken		
rhfrk.	zît	z ʒʒ	ëʒʒen	p *(pf) ff, f* slâfen		kalt	k *ch*	ich
	sitzen		daʒ	(doch s. § 35,2)		wirken		
ostfrk.	zît	z ʒʒ	ëʒʒen	pfeit *pf ff, f* slâfen		kalt	k *ch*	ich
	sitzen		daʒ	apfel		wirken		
obd.	zît	z ʒʒ	ëʒʒen		*pf ff, f* slâfen	chalt	*ch ch*	ich
	sitzen		daʒ			wirchen		

II

idg.		dh ind. madhyas		bh ind. bharāmi		gh lat. hostis stīgh-		
germ.		d		b			γ	
westgerm.	dor	d		bëran b b, f gaf		gast	g	stīgan
mhd.:								
mfrk.	dor	d	midde	bërn b v, f gaf		gast	g	stîgen
rhfrk.	dor	d (*t*)	mitte	bërn b *b* gëben		gast	g	stîgen
ostfrk.	tor	*t*	mitte	bërn b *b, p* gëben		gast	g	stîgen
				sippe				
obd.	tor	*t*	mitte	bërn b *b, p* gëben		gast	g, *k* stîgen
				sippe			rükke	

a) Die germanischen harten Verschlußlaute

§ 33. Die germ. (westgerm., as.) *t, p, k* erscheinen mhd. wie ahd. je nach der Stellung im Wort in zweifacher Lautgestalt.

1. Nach Vokal werden sie im ganzen Sprachgebiet zu Doppelspiranten ($t > ʒʒ, p > ff, k > hh$), die im Auslaut und nach langem Vokal vereinfacht werden.

2. In den anderen Stellungen (anlautend, nach Konsonant und geminiert) werden sie zu Affricaten z, *pf (ph), kch (ch)*, aber nicht gleichmäßig im ganzen Sprachgebiet, s. §§ 34,2; 35,2; 36,2.

Anm. 1. In den Verbindungen *st, sp, sk* bleiben *t, p, k* unverschoben *(stein spër, fisk)*, *t* auch in den Verbindungen *ft, ht, tr (oft, naht, triuwe)*.

Anm. 2. Die gutturale Spirans *hh* wird mhd. meist schon durch *ch* wiedergegeben, die Affricata *pf* auch durch *ph*, die dentale Affricata *z* im In- und Auslaut oft durch *tz*. – Die hier wie in manchen anderen Lehrbüchern gebrauchte Unterscheidung der dentalen Spirans durch *ȝ, ȝȝ* gegenüber der Affricata *z* ist nur aus praktischem Grund durchgeführt; in den mhd. Handschriften findet sie sich nicht. Sie wird dort und in unseren Textausgaben durch *z* wiedergegeben.

§ 34. Germ. t. 1. Die Verschiebung von *t* zur Doppelspirans *ȝȝ*, ausl. *ȝ* erstreckt sich über das ganze Gebiet: *ëȝȝen, bîȝen, daȝ, fuoȝ.* – Nur mfr. bleiben mhd. (und nhd.) die *t* der Neutra der Pronomina *dat, wat, it, allet* unverschoben.

Anm. 1. Mhd. *ȝ, ȝȝ* bleibt zunächst von mhd. *s* < germ. *s* in Schreibung (stets *z, zz*) und Aussprache (= scharfes *s* des Nhd.) durchaus getrennt. Über späteren teilweisen Zusammenfall mit *s* vgl. § 40, Anm. 1.

2. Auch die Verschiebung zur Affricata ist im ganzen Gebiet durchgeführt: *zît, swarz, setzen.*

§ 35. Germ. p. 1. Die Verschiebung von *p* zur Spirans *ff (f)* ist im ganzen Gebiet durchgeführt: mhd. *offen, slâfen, slief, schif, schiffes.*

2. Die Verschiebung zur Affricata *pf (ph)* ist dagegen nur obd. und ostfrk. vollständig eingetreten: *phlëgen, apfel, gelimpfen* und nach *l, r* meist schon früh zur Spirans *f* weitergeführt worden *hëlfen, dorf.* – Im Rhfrk. und Südmfrk. ist die Verschiebung zur Affricata im Anlaut, in der Gemination und nach *m*, unterblieben, nach *r, l* wie im Ostfrk. bis zur Spirans weitergeführt worden: *palz, appel, schimp; helfen, dorf.* – Das Nordmfrk. hat keine *p*–Verschiebung zur Affricata.

Anm. 1. Das aus germ. *p* entstandene *ff, f* ist stets stimmlose (Doppel-)spirans, die Schreibung ist immer *ff, f.* (Vgl. § 42, Anm. 3).

§ 36. Germ. k. 1. Die Verschiebung zur Spirans erstreckt sich auch hier über das ganze Gebiet: *machen, sprechen, sprach, ich.*

Anm. 1. Der Laut dürfte im gesamten Obd. velar (*ach*-Laut) gewesen sein (also auch *ich* mit velarem *x*); für das Md. hingegen gilt die nhd. Scheidung in *ach*- und *ich*-Laute.

2. Die Verschiebung zur Affricata **cch, ch* ist im Fränkischen (auch ostfrk.) und in den nördlichen Teilen des Oberdeutschen, auch im Schwäbischen, ganz unterblieben, nur hochalem. und südbair. liegt sie, in der Schrift oft unzureichend ausgedrückt, vor: ostfr. *korn, wirken, wecken* – hochalem. *khorn, wirchen, wecchen.*

Anm. 2. Die Lautgruppe *sk*, deren *k* unverschoben blieb (§ 33 A.1), wandelt sich, ahd. beginnend, im Mhd. zu *š*, seit dem 13. Jahrhundert meist *sch* geschrieben: *schif, rasch, waschen.*

b) Die westgerm. weichen Verschlußlaute und Spiranten

§ 37. Germ. *đ,* westgerm. *d* war im ganzen obd.-ostfr. Gebiet an allen Stellen des Wortes zunächst zu *t* geworden: ahd. *tohter, bintan, bieten, bitten, guot;* im Mhd. bleibt dieser Bestand außer in der Gruppe *nt,* die, wie schon spätahd., zu *nd* geworden war: mhd. *binden.*

Im Rhfrk. ist nur *rd* zu *rt* und geminiertes *dd* zu *tt* geworden: *bitten, wort;* alle anderen *d* bleiben unverschoben.

Das Mittelfränkische hat auch in der Gemination keine Verschiebung.

Anm. 1. Über Grammatischen Wechsel dieses *t* mit *d* s. § 50.

§ 38. Germ. *ƀ* ist in mhd. Zeit im Mfrk. auf westgerm. Stand geblieben, also anlautend, inlautend nach *m* und geminiert Verschlußlaut: *bërn, lamb, sibbe,* sonst Spirans, inlautend *v* geschrieben: *gëven* – auslautend verhärtet > *f: gaf, sëlf.*

Im Rhfrk., Ostfrk. und Obd. gilt dagegen an allen Stellen des Wortes Verschlußlaut *b: bërn, gëben, gab, lamb;* in der Gemination ist jedoch obd.-ostfrk. weitere Verschiebung zu *pp* eingetreten: *sippe.*

Die im Obd. in ahd. Zeit an anderen Stellen des Wortes eingetretene Verhärtung zu *p* (*përan* usw., s. Ahd. Abr. § 24, 3) ist im Mhd. in der Regel wieder aufgegeben, also auch bair. meist *bërn,* daneben selteneres *përn.*

Anm. 1. Im Wort- und Silbenauslaut wird *b* im Mhd. zu *p* verhärtet: *gëben – gap, gelouben – geloupte.*

Anm. 2. Schwinden des *b* zwischen Vokalen, die dann kontrahiert werden, ist bezeugt in **gibist > gîst, gibit > gît, haben > hân.*

Anm. 3. Über den Grammatischen Wechsel *b – f* s. § 50.

§ 39. Germ. *γ* ist mhd. teils Verschlußlaut geworden, teils als Spirans erhalten geblieben. Die Schreibung ist in beiden Fällen gemeinmhd. *g,* was die Feststellung des jeweiligen Lautwertes erschwert und oft unmöglich macht.

Es ist Verschlußlaut gemeinmhd. (und schon vorahd.) in der Stellung nach *n* (*singen,* s. Anm. 1) und in der Gemination *(liggen, rügge),* obd. und rhfrk. auch in allen übrigen Stellungen.

Im Mfrk. und Nordthür. ist es anlautend sowie im In- und Auslaut nach Vokal Spirans geblieben.

Im Obd. war ahd. Weiterverschiebung zu *k* häufig (s. Ahd. Abr. § 25), das aber im Mhd. wieder zurückgebildet ist außer in der Gemination, wo *kk, ck* bleibt: *rücke.*

Anm. 1. Im Wort- und Silbenauslaut wird *g* verhärtet: *tages, tac; neigen neicte,* bairisch im Wortauslaut auch aspiriert: *tach.* – In der Lautgruppe -*ng*-

wurde *g* neben dem gutturalen *ŋ* (§ 49) durchaus artikuliert; also mhd. *singen* = /siŋgen/; erst nhd. assimiliert zu /siŋen/.

Anm. 2. Schwinden des *g* zwischen Vokalen, die dann kontrahiert werden, ist neben den Vollformen mit erhaltenem *g* reichlich belegt: **ligit* > *lît*; **legit* > *leit, geleit;* ** gegin* > *gein; gisegit* > *geseit;* bairisch auch *age* > *ei: geklag(e)t* > *gekleit, verdaget* > *verdeit.* Auch *age* > *â* begegnet: *tagelanc* > *tâlanc; zagel* > *zâl.*

Als literarisch bequeme Reimwörter werden die kontrahierten Formen auch von Dichtern verwendet, deren Mundart sie nicht kennt.

Anm. 3. Über den Grammatischen Wechsel *g – h* s. § 50.

c) Die germ. harten Spiranten

§ 40. Germ. s ist an allen Stellen im Wort auch mhd. dem Schriftbild nach unverändert erhalten: *sun, snê, spër, stân, kiesen, wahsen, wisse, hals.*

Anm. 1. Dieses *s* war nach Ausweis von Lehnwörtern aus dem Französischen und Slavischen zunächst nicht das reine *s* des Nhd., sondern lag näher zum *š* (= nhd. *sch*) hin. Es war stimmh. anlautend vor Vokal und in stimmh. Nachbarschaft, obd. auch vor Nasal, *l, w,* sonst stimml. Im späteren 13.Jh. geht mhd. *s* allmählich in reines *s* (stimmh. oder stimml.) oder in *š* (nhd. geschr. *sch* außer in *st, sp*) über. Beim Übergang in stimml. *s* erfolgt Zusammenfall mit mhd. *ʒ* (§ 34, Anm. 1), der sich im Schwanken der Schreibung zeigt, z. B. *alles* für *alleʒ* (vgl. Paul §§ 109–113).

Anm. 2. Über den Grammatischen Wechsel *s – r* s. § 50.

§ 41. Germ. þ. Die schon im 8.Jh. im Oberdeutschen beginnende und von hier sich ausbreitende Verschiebung des *þ* zu *d* ist zu Beginn der mhd. Zeit im ganzen Gebiet in allen Stellungen des Wortes durchgeführt: *daʒ, wërden, queden, *quad.*

Weiterverschiebung zu *t* findet in folgenden Fällen statt: 1. Zuerst (schon ahd.) in der Gemination: *smitte* Schmiede (dagegen *edo, ode* wegen früher Vereinfachung des *þþ* zu *þ*).

2. In der Anlautverbindung *dw:* mhd. *twingen, twërh* (im Md. dafür *qu: quër;* got. *þwaírhs*).

3. In einigen Einzelwörtern ohne erkennbaren Grund: *tûsent; tiutsch* (durch mlat. *theudiscus* beeinflußt?).

Anm. 1. Hinzu kommt die mhd. Auslautverhärtung der Medien: *lîden – leit; quëden – quat.*

Anm. 2. Kontraktion über *d* ist belegt in **quidit* > *quît.*

Anm. 3. Über den Grammatischen Wechsel germ. *þ – ð,* mhd. *d – t* s. § 50.

§ 42. Germ. f hat gemeinmhd. seine spirantische Qualität in allen Stellungen im Wort behalten, doch ist es in gewissen Stellungen leicht stimmhaft geworden, was durch die Schreibung mit *v* zum Ausdruck kommt, und steht damit im Gegensatz zu dem in der hd. Lautverschiebung entstandenen *f*: s. Anm. 3.

Anm. 1. In der Komposition mit dem Präfix *ent-* wird die Lautgruppe *ntf* (schon seit ahd. Zeit) unter Labialisierung des *nt* zu *mpf (mph): empfâhen emphüeren.*

Anm. 2. Für *ft* hat das Mfrk. *ht: nihte* (obd. *niftel), sachte* (obd. *sanft).*

Anm. 3. Dieses aus dem Germ. geerbte *f* ist als stimmlose Spirans (Fortis) erhalten gemeinmhd. in den Lautgruppen *fs, ft*, in der Gemination und im Auslaut, und wird hier stets *f* geschrieben. Im Anlaut und inlautend in stimmhafter Umgebung ist es schwach stimmhaft geworden, was durch die in diesen Stellungen häufige Schreibung *v* zum Ausdruck kommt; vor *u, ü, üe, iu, ou, l, r* wird häufiger *f* als *v* geschrieben, doch gilt *f* hier als schwach stimmhaft. Also: *haft, heffen, wolf; vinde, vor, neve;* aber *für – vür, funden – vunden.* Stets *dürfen* in Analogie zu *darf, dorfte!* (Vgl. § 35, Anm. 1).

Anm. 4. Über den grammatischen Wechsel *f – b* s. § 50.

§ 43. Germ. **h** *(x)* ist mhd.:

1. Spirans geblieben vor Konsonanten: *lieht*, nach den Konsonanten *r* und *l: twërh, befëlhen* und im Silbenauslaut: *wahsen, sah*, im Wortauslaut meist schon *ch* geschrieben: *zôch, hôch.*

2. Hauchlaut geworden im Silbenanlaut: *hûs, sëhen.* Zwischen Vokalen schwindet es hier besonders im Md. oft, wobei Kontraktion der Vokale eintritt *fâhen > fân, sëhen > sên.*

Anm. 1. Ausgleich zwischen Spirans und Hauchlaut begegnet im Flexionssystem *hôch – hôher,* danach *hô* (vgl. mhd. *rûch,* nhd. *rauh* nach *rauhes).*

Anm. 2. Über den grammatischen Wechsel *h – g* s. § 50.

B. Die sonoren Konsonanten

a) Die Halbvokale

§ 44. Germ. **w** ist mhd. erhalten im Anlaut vor Vokal: *wër*, im Inlaut zwischen Vokalen: *grâwêr* und nach *l, r* vor Vokal: *garwes.* Es ist durchaus bilabial und geht erst im 13. Jh. in den (nhd.) labiodentalen Laut über.

In den andern Stellungen ist schon früh Verlust eingetreten. 1. Inlautend nach Konsonanten außer *r, l* westgermanisch: **sëhwan >* mhd. *sëhen.* 2. Anlautend vor *r, l* schon ahd. ** wrëhhan > rëchen;* doch ist das *w* hier im Mfr. der mhd. Zeit erhalten: *wrëchen.* 3. Auslautendes *w,* schon ahd. zu *o* vokalisiert, ist im mhd. nirgends mehr erhalten (germ. **hlaiwaz > ahd. (h)lēo >* mhd. *lê* Erdhügel).

Anm. 1. Seit dem 12. Jahrhundert findet sich bair. der Übergang von *w* zu *b: wort > bort; w* für *b (gewen)* ist vielleicht nur umgekehrte Schreibung.

Anm. 2. Nach langem Vokal ist *w* auch inlautend manchmal geschwunden: *spîwen, spîen;* in anderen Fällen ist dies eher als Ausgleichserscheinung zu erklären, wie *blâer* statt *blâwer* nach *blâ*.

§ 45. Germ. **j** ist mhd. (geschr. *i, y, g*) im Anlaut erhalten: *joch, jëhen, er giht* (s. Anm. 1).

Inlautend ist es erhalten: 1. nach langem Vokal: *müejen, sœjen;* 2. nach dem westgermanisch nicht geminierten *r: scherje, scherge;* 3. in einigen Fremdwörtern: *kevje* Käfig. Es tritt 4. als Übergangslaut ein nach *î* und *ei: eijer; drî: drîger*.

Dagegen ist es nach anderen Konsonanten als *r* in deutschen Wörtern im Mhd. nirgends mehr vorhanden; sein einstiges Dasein verrät sich nur noch durch die westgermanische Gemination *(sippe)* und den Umlaut *(künne)*.

Ebenso kennt das Mhd. im Auslaut kein *j*, da es in dieser Stellung schon ahd. zu *i* geworden war.

Anm. 1. Die Wiedergabe des *j* durch *g* vor *i*, nach *r* und in Fremdwörtern ist, wie die weitere Entwicklung zeigt, nicht nur graphisch, sondern wahrscheinlich lautlich bedingt; vgl. nhd. *Gicht, Scherge, Käfig*.

b) Liquidae und Nasale

§ 46. Germ. **r** und das schon westgerm. aus *z* entstandene (s. § 31) neue *r* sind im Mhd. fast stets erhalten: *rëht, bërn, bar; ôre*. Es wurde alveolar artikuliert(Vorderzungen *r*); nur für das Frk. wird von einigen uvulare Artikulation (Zäpfchen *r*) angenommen.

Verloren ging auslautendes *r* nach langem Vokal: *dâr > dâ, mêr > mê* (aber *dârane, mêre*).

Metathesis des *r* ist in der Endsilbe -*er* und dem Präfix *er* nach *l, r, n* häufig: *mînre, er refuor*. Sonstige Metathesis ist nur md. (nd.): *brunne – born, ros – ors*.

§ 47. Germ. **l** ist mhd. in allen Stellungen im Wort erhalten: *last, sêle, füllen, tal*.

§ 48. Germ. **m** ist mhd. wie ahd. erhalten: *man, nëmen, swimmen, lam*.

Auslautendes *m* in Flexionssilben war schon ahd. zu *n* geworden, während zum Stamm gehörende *m* durch Anlehnung an Formen mit inlautenden *m* erhalten blieben oder wieder hergestellt wurden *(baum, swam)*, doch begegnen mhd. Formen (besonders alem.) mit *n: turn, hein*.

§ 49. Germ. **n** ist auch mhd. in allen Stellungen häufig: *naht, finden,* *sinnen, gân.* Vor Guttural ist es selbst guttural (η); vor *h* ist es schon germ. unter Ersatzdehnung geschwunden (s. § 3).

In Nebensilben, besonders solchen, die mit Nasal beginnen, schwindet *n* vor Konsonant oft: *küninc* > *künic, senende* > *senede*, doch ist es vielfach analogisch wieder hergestellt, so in den Part. Praes. (*nemende* usw.). Abfall eines auslautenden *n* beginnt sich mhd. dialektisch zu verbreiten, z.T. auf bestimmte grammatische Kategorien beschränkt, im Ostfrk.-thüringischen auf die Infinitive (*gëbe* usw.), im Moselfrk. auf die Part. Praet. der starken Verba *(gegëbe)*.

C. Anhang

Die Fälle konsonantischen Wechsels, die das Mhd. zeigt, sind verschiedener Art und verschiedenen Alters.

§ 50. Der Grammatische Wechsel ist ein im Urgermanischen eingetretener Wechsel zwischen stimmlosen und stimmhaften Spiranten in Wörtern gleichen Stammes oder in gleichen Bildungssilben. Er ist begründet in den Akzentverhältnissen des Indogermanischen, die in der Zeit der germ. Lautverschiebung noch galten. Das von K. Verner gefundene Gesetz, nach dem sich der Wechsel vollzog (Vernersches Gesetz), lautet in seiner definitiven Fassung: „Die nach der germanischen Lautverschiebung vorhandenen vier stimmlosen Spiranten *f, x, þ, s* sind in- und auslautend zu den entsprechenden stimmhaften Spiranten *ƀ, γ, d, z* erweicht in stimmhafter Nachbarschaft, wenn der unmittelbar vorhergehende Vokal nach der ursprünglichen indogermanischen Betonung nicht den Hauptton trug." Nach den in ahd. Zeit und später eingetretenen Konsonantenänderungen entsprechen sich germ. und mhd. die folgenden Paare: germ. *f - ƀ*, mhd. *f - b: darf - darben*; germ. *x - γ*, mhd. *h - g: ziehen, zôch - gezogen*; germ. *þ - d*, mhd. *d - t: snîden - gesniten*; germ. *s - z*, westgerm., mhd. *s - r: kiesen, kôs - erkorn; was - wâren*.

Dem german. Wechsel *nx - nγ* muß im Mhd. *h - ng* entsprechen: (s. § 49): *fâhen - fiengen*, dem germ. *xw - γw* mhd. *h - w: ahe - ouwe*.

Innerhalb der Flexion ist der Wechsel durch Ausgleich in großem Umfang beseitigt, so in *sëhen* (got. *saíhvan*) - as. *sâwum*, mhd. *sâhen*.

§ 51. Kein grammatischer Wechsel liegt vor in Fällen wie mhd. *gëben - gift, phlëgen - phliht*. Hier waren schon idg. durch Assimilation die Lautgruppen *pt, kt* entstanden (*gëben* < idg. **ghebhonom, gift* < **ghepti* < **ghebh-ti-*), in denen *p, k* zu *f, x* verschoben wurden, der Dental aber unverändert erhalten blieb (§ 33, Anm. 1).

Anm. 1. Ebenso geht in vorgerm. Zeit der Wechsel von german. *t* (idg. *d*) – *ss* (idg. *dt*) zurück, der sich noch in germ. **wait*, mhd. *weiჳ – wisse* zeigt.

§ 52. Erst in mhd. Zeit entstand der Wechsel, der sich aus der Auslautsverhärtung der mhd. Medien *d, b, g* zu *t, p, k* ergibt: *tôdes – tôt, geben – gap, tages – tac* (s. § 38, Anm. 1; § 39, Anm. 1; § 41, Anm. 1).

FORMENLEHRE

§ 53. Die Flexion der mhd. Substantiva, Adjektiva, Pronomina (sog. Deklination) und der Verba (sog. Konjugation) hat eine z.T. recht komplizierte Vorgeschichte, die teils infolge lautlicher Vorgänge, teils infolge von analogischen Neubildungen über zahlreiche Zwischenstufen führt.

I. DEKLINATION

Kap. I. Deklination der Substantiva
(Paul §§ 117–133a)

§ 54. In den Formen germanischer Substantiva sind zu unterscheiden: die Wurzel, ein an diese antretendes Element, das den Flexionsstamm bildet und, soweit erhalten, als Stammauslaut in Erscheinung tritt, und die Endung. Nach der Art des Stammauslautes unterscheidet man vokalische und konsonantische Deklination. Hinzu kommt die kleine Klasse der Wurzelnomina, bei denen ein stammbildendes Element zu fehlen scheint und die Flexionsendung unmittelbar an die Wurzel antritt.

Die vokalische Deklination wird nach J. Grimms Vorgang starke Deklination genannt.

A. Vokalische (starke) Deklination

§ 55. Nach der ursprünglichen Qualität des vokalischen Stammauslautes unterscheiden wir im Germ. a- (idg. o-), ô- (idg. â-), i- und u-Stämme. Im Mhd. sind infolge der Abschwächung der nicht haupttonigen Vokale diese Unterschiede großenteils nicht mehr ohne weiteres sichtbar.

1. Die a-Deklination

§ 56. Die a-Deklination, der lateinischen zweiten Deklination entsprechend, enthält Maskulina und Neutra. Man unterscheidet reine a-Stämme, ja-Stämme und wa-Stämme.

a) Reine a-Stämme

§ 57. Maskulina: *tac* Tag   Neutra: *wort* Wort

	mhd.	ahd.	mhd.	ahd.
Sg. N.A.	tac	tag	wort	wort
G.	tages	tages	wortes	wortes
D.	tage	tage	worte	worte
I.	–	tagu	(ihtiu)	wortu
Pl. N.A.	tage	taga	wort	wort
G.	tage	tago	worte	worto
D.	tagen	tagum	worten	wortum

§ 58. Zum Maskulinum.

In diese Deklination gehören die meisten Maskulina; z.B. *bërc, stein, künec, kil; engel, vogel.*

Der Instrumental ist im Mhd. beim Maskulinum nicht mehr belegt.

Auf Konsonant endende männliche Personennamen haben (schon ahd.) meist im A.Sg. vom Adjektiv die pronominale Endung *-en* (ahd. *-an*; s. § 78) übernommen: *Sivriden.*

Bei den kurzsilbigen Wörtern auf *l, r* fällt nach § 28 das *e* der Endsilben weg: *stils*, ebenso bei den Wörtern auf *-el, -er* mit langer Stammsilbe: *engels*, während solche mit kurzer Stammsilbe Formen mit und ohne *e* zeigen: *vogeles* und *vogels*.

Wegfall des *e* im Dat. Sg. anderer Wörter *(stein, rât)* ist oberdeutsch nicht selten.

§ 59. Zum Neutrum.

Wie *wort* gehen weitaus die meisten mhd. Neutra; z.B. *kint, spër, tal; waʒʒer, lëger, zeichen; kindilîn.*

Abfall des Endungs-*e* bei den kurzsilbigen auf *l, r* (Gen. *tals, spërs*) und bei den Wörtern auf *-er, -el* (Gen. *waʒʒers, lëger(e)s*) ist ganz wie bei den Maskulinen geregelt (s. § 28). Sonst ist Abfall der Endung nur im Dat. Sg. (als altem Lokativ) von *hûs* häufig.

Ein Instrumental ist nur belegt von *iht* und *niht* in der Verbindung mit Präposition: *von ihtiu, ze nihtiu.*

Der NA. Pl. ist normalerweise dem NA. Sg. gleich, also endungslos. Angleichung an die Maskulina wie im Nhd. *(jâre)* ist nur im Md. früh belegt.

Über die neuen Plurale auf *-er* s. § 60.

Die Diminutiva auf *-lîn* übernehmen alem. im NA.Pl. vom Adjektiv

§ 60. *es/os*-Stämme. – §§ 61. 62. *ja*-Stämme

die Pronominalendung *-iu: kindiliu.* Die im Ahd. übliche oberd. Form auf *-î* im NA. Sg. und Pl. *(kindilî)* ist im Mhd. selten. Oft sind die Dimin. auf *-lîn* im Pl. endungslos.

§ 60. Einige alte *es/os*-Stämme (vgl. lat. *genus*), deren stammbildendes Element im endungslosen NA. Sg. lautgesetzlich schwinden mußte, haben sich von diesen Kasus ausgehend im Sg. ganz der neutralen *a*-Deklination angeschlossen: *lamp, lambes, lambe.* – Im Pl. ist das alte stammbildende Element in der Form westgerm., ahd. *-ir*, mhd. *-er* erhalten geblieben; es bewirkt Umlaut. Die darauf folgenden Endungen entsprechen der neutralen *a*-Deklination: mhd. *lember, lember, lembern.*

So flektieren mhd. durchaus die Wörter: *ei, huon, lamp, kalp;* andere haben im Plural Doppelformen: *blat* und *bleter.*

Die Pluralbildung auf *-er* ist dann (mit dem Umlaut!) produktiv geworden und auf andere Wörter übertragen worden, zunächst nur auf andere Neutra; so hat das spätere Mhd. Doppelformen *kinder* neben *kint* und andere. – Übertragung auf Maskulina geschieht erst im Frühnhd. (*abgöter* ist altes Neutrum).

b) *ja*-Stämme

§ 61. Maskulina: *hirte* Hirt   Neutra: *künne* Geschlecht

	mhd.	ahd.	mhd.	ahd.
Sg. NA.	hirte	hirti	künne	kunni
G.	hirtes	hirtes	künnes	kunnes
D.	hirte	hirt(i)e	künne	kunn(i)e
I.	–	hirtu	–	kunn(i)u
Pl. NA.	hirte	hirte, -a	künne	kunni
G.	hirte	hirt(i)o	künne	kunn(i)o
D.	hirten	hirtum, -im	künnen	kunnim

In diese Gruppe gehören sehr viele Wörter: Maskulina z. B. *rücke, weize, kæse,* die zahlreichen Nomina agentis auf *-ære* und *-er: wahtære, ritære, riter(e).* – Neutra: *bette, rîche, netze;* zahlreiche Kollektiva wie *gebirge* (zu *bërg*), *gebeine, gestirne, gesläkte.*

§ 62. In den Endungen besteht ein Unterschied zwischen den reinen *a*-Stämmen und den *ja*-Stämmen nur im NA. Sg. der Maskulina und im NA. Sg. und NA. Pl. der Neutra, weil diese Kasus bei den reinen *a*-Stämmen endungslos sind, während das bei den *ja*-Stämmen in den Auslaut tretende *j* zunächst zu (ahd.) *i* vokalisiert wurde und mhd. als *e* erhalten blieb. Daraus ergibt sich zugleich, daß der bei den reinen *a*-Stämmen zwischen den Maskulinen und Neutren im Plural bestehende Unterschied hier verschwindet.

Wörter mit kurzer Stammsilbe, die auf *l, r* ausgeht, und solche auf *-er, -en* stoßen das *e* der Endung nach denselben Regeln ab wie die reinen *a*-Stämme (s. § 28).

In den Kasus, in denen ursprünglich *j* inlautend war, ist dieses im Mhd. vollständig verschwunden. Sein einstiges Vorhandensein zeigt sich im Einfluß auf die vorhergehenden Vokale (Umlaut und $ë > i$) und in der Geminierung der wurzelschließenden Konsonanten wie bei *künne*.

c) *wa*-Stämme

§ 63. Maskulina: *sê* See   Neutra: *hor* Schmutz

	mhd.	ahd.	mhd.	ahd.
Sg. NA.	sê	sê(o)	hor	horo
G.	sêwes	sêwes	horwes	horwes
D.	sêwe	sêwe	horwe	horwe
I.	–	–	–	–
Pl. NA.	sêwe	sêwa	hor	horo
G.	sêwe	sêwo	horwe	horwo
D.	sêwen	sêwum	horwen	horwum

Die Zahl der in diese Gruppe gehörenden Substantiva ist klein; z. B. Mask.: *sê, lê* (Hügel), *snê, bû; schate.* – Neutr.: *tou, spriu, hor, mël.*

Die *wa*-Stämme flektieren in den obliquen Kasus ganz wie die reinen *a*-Stämme. Man erkennt sie daran, daß der vokalischen Endung das *w* des stammbildenden Elementes vorangeht. In den bei den reinen *a*-Stämmen endungslosen Kasus, NA. Sg. der Maskulina, NA. Sg. und NA. Pl. der Neutra war bei den *wa*-Stämmen das in den Auslaut tretende *w* zu *o* vokalisiert worden, das aber bereits im Laufe der ahd. Zeit nach langem Vokal abgeworfen wurde. Deshalb sind diese Wörter auch im Mhd. endungslos: mask. *sê*, neutr. *strô*. Nach kurzer Wurzelsilbe blieb *o* im Ahd. erhalten und wurde mhd. zu *e*, das nach *l, r* abfiel: mask. *schate*, neutr. *mël*.

Anm. 1. *knie* ist aus älterem *knëo* (Gen. *knëwes*) nach § 25 entstanden und durch das ganze Paradigma durchgeführt worden.

2. *Die ô-Deklination*

§ 64. Die *ô*-Deklination (der lat. ersten Deklination entsprechend) und ebenso ihre Unterabteilungen, die *jô*- und *wô*-Deklination enthalten nur Feminina.

Reine ô-Stämme

mhd.: gëbe Gabe   ahd.: gëba

	mhd.	ahd.
Sg. NA.	gëbe	gëba
G.	gëbe	gëba
D.	gëbe	gëbu
Pl. NA.	gëbe	gëbâ
G.	gëben	gëbôno (got.: gibô)
D.	gëben	gëbôm

Nach dieser Deklination gehen zahlreiche Feminina; z.B. *bëte, klage, lêre, spîse; zal, gir; ahsel, nâdel, vëder(e);* Bildungen auf ahd. *-ida* wie *sælde, gemeinde,* auf ahd. *-unga* wie *samanunge,* auf *-nisse* wie *vancnisse.* Über die Adjektivabstrakta wie *güete, tiefe, schœne* vgl. § 72.

jô- und wô-Deklination

§ 65. Die *jô*-Stämme sind am Umlaut und eventuell an der Gemination zu erkennen, die *wô*-Stämme an dem der vokalischen Endung vorausgehenden *w,* während das *j* der *jô*-Stämme im Mhd. nirgends mehr auftritt. In den Endungen unterscheiden sie sich von den reinen *ô*-Stämmen in keiner Weise.

sünde Sünde | *triuwe* Treue

	mhd.	ahd.	mhd.	ahd.
Sg.	sünde	sunta	triuwe	triuwa
Pl. NA.	sünde	suntâ	triuwe	triuwâ
G.	sünden	suntôno	triuwen	triuwôno
D.	sünden	suntôm	triuwen	triuwôm

Die *jô*-Stämme und *wô*-Stämme stehen an Zahl hinter den reinen *ô*-Stämmen weit zurück; z.B. *jô*-Stämme: *sünde, ünde, wünne, helle; diuwe* (**diuwja,* im Mhd. scheinbar *wô*-Stamm geworden); *wô*-Stämme: *varwe, riuwe, ouwe, brâwe > brâ, êwe > ê.*

§ 66. Zu sämtlichen Gruppen der *ô*-Stämme ist folgendes zu bemerken.

1. In allen Kasus findet Abfall des *e* der Endung in demselben Umfang statt wie bei der *a*-Deklination bei Wörtern mit kurzer Wurzelsilbe auf *-l, -r, -n* und bei den Wörtern auf *-el, -er, -en,* z.B. *zal, ahsel, veder(e),* D. Pl. *zaln, ahseln, vëder(e)n* (s. § 28). Bei Wörtern auf *-en* kann das zu scheinbar völliger Flexionslosigkeit führen wie D. Pl. *keten(e)n > keten.*

2. Der N. Sg. der langstämmigen reinen *ô*-Stämme sollte nach den germanischen Auslautgesetzen endungslos sein. Reste dieser durch die Akkusativform verdrängten Bildungsweise sind noch mhd. erhalten bei

den Wörtern *aht, buoz, halp, sît, stunt, wîs* in formelhaftem Gebrauch: *buoz tuon eines dinges* bessern, abhelfen, *beider sît, anderhalp, drîstunt* dreimal (aber *drî stunde*, drei Stunden), *in engels wîs*. – Bei den *jô*-Stämmen haben endungslose Nominative Sg. die movierten (von Maskulinen abgeleiteten) Feminina wie *künigin* mit sekundärer Dehnung *künigîn*, Gen. *küniginne*, ebenso die Eigennamen wie *Brünhilt*. – Die scheinbar endungslosen Nominative von *wô*-Stämmen beruhen auf Kontraktion (*ëwe* > *ê*), die durch das ganze Paradigma durchgeführt ist.

3. Der Genetiv Pl. auf *-en* stammt aus der *n*-Deklination (s. § 70). Der alte vokalische Genetiv ist nur bei wenigen Wörtern erhalten: *strâle, krône, mîle; ünde*.

4. Viele Substantiva der *ô*-Deklination haben (besonders md.) auch Formen nach der *n*-Deklination (s. § 72); so *ërde, sêle, minne*, wie auch umgekehrt Wörter der *n*-Dekl. Formen nach der *ô*-Dekl. bilden wie *vrouwe, sunne*. Dieses Schwanken ist die Vorstufe der nhd. Regelung der sogenannten gemischten Deklination.

3. Die *i*-Deklination

§ 67. Die *i*-Dekl., einem Teil der lat. dritten Deklination entsprechend, enthält Maskulina und Feminina, deren Flexion ursprünglich vollständig gleich war.

	Mask.: *gast* Gast		Fem.: *kraft* Kraft	
	mhd.	ahd.	mhd.	ahd.
Sg. NA.	gast	gast	kraft	kraft
G.	gastes	gastes	krefte, kraft	krefti
D.	gaste	gaste	krefte, kraft	krefti
I.	–	gastu	–	–
Pl. NA.	geste	gesti	krefte	krefti
G.	geste	gest(e)o	krefte	krefto
D.	gesten	gestim	kreften	kreftim

Nach dieser Flexion gehen viele Maskulina; z.B. *slac, bach, liut* Volk. Noch größer ist die Zahl der Feminina; z.B. *hût, stat, jugent;* viele Komposita mit *-scaft: lantscaft*, und die zahlreichen größtenteils zu starken Verben gebildeten Verbalabstrakta auf *-t* (**ti*), wie *siht* zu *sëhen, gift* zu *gëben, fart, geburt, fluht*.

§ 68. Die alte Flexion der *i*-Stämme ist im Sing. Fem. und im Plural beider Geschlechter erhalten. Die Maskulina haben dagegen im G. D. Sg., wie bereits got. und ahd., die Formen der *a*-Dekl. angenommen, mit welcher der N. und A. schon lautgesetzlich zusammengefallen war.

Der Umlaut im G. D. Sg. Fem. und im ganzen Plural ist durch das im Ahd. noch vorhandene, im Mhd. zu *e* abgeschwächte *i* bedingt.

Im Mhd. beginnt früh die Umformung der Femininflexion im Singular. Dies geschieht auf zweierlei Weise:

1. Im G. und D. werden neben den alten Formen mit Umlaut und Endungs-*e* solche ohne Endung und ohne Umlaut gebildet, so daß bei vielen Wörtern Doppelformen im Gebrauch sind: *krefte-kraft, nœte-nôt, flühte-fluht, lantschefte-lantschaft*. Die jüngere Form bleibt schließlich (nhd.) Sieger.

2. Bei anderen Wörtern dringt die Form mit Endung und Umlaut auch in den N. A. ein. Hierbei hat gewiß der Plural mitgewirkt, denn es handelt sich oft gerade um Wörter, welche Dinge bezeichnen, die meist in einer Mehrzahl auftreten, wie *sûl-siule, druos-drüese, bluot-blüete, huft-hüfte, geschiht-geschihte*.

Anm. 1. Im Nhd. ist deshalb bei diesen Wörtern die neue Nominativform siegreich geblieben. Folge war die Bildung eines neuen (schwachen) Plurals.

Anm. 2. In einigen Fällen kam es zu einer Spaltung in zwei Wörter, z. T. mit Bedeutungsdifferenzierung; so *vart – verte, stat – stete, maget – meide*.

4. Die *u*-Deklination

§ 69. Die *u*-Dekl. hatte ursprünglich Maskulina, Neutra und Feminina Schon ahd. nur in Trümmern erhalten, ist sie im Mhd. bis auf geringe Reste verloren.

Von den Mask. ist *sun*, das ahd. noch Reste der *u*-Dekl. aufwies, nun ganz in die *i*-Dekl. übergegangen. Die Nominative auf -*e* der kurzsilbigen Maskulina *fride, site, mëte* können alte abgeschwächte Formen sein (ahd. *situ* usw.); die Wörter sind aber von hier aus ganz in die *ja*-Flexion übergegangen.

Auch das Neutrum *vihe* ist zur *ja*-Flexion übergetreten. Das alte Neutrum *vil* (ahd. *filu*) ist auch im Mhd. noch Substantiv, mit dem Genetiv verbunden (*vil der ēren* usw.), hat aber die Flexion ganz aufgegeben. Adjektivische Flexion und Verwendung ist erst spätmhd. belegt.

Das Femininum *hant* geht in lebendigem Gebrauch nach der *i*-Deklination. Am fehlenden Umlaut als alt zu erkennende Reste der *u*-Dekl. halten sich nur in formelhaften Wendungen: *aller hande, ze sînen handen, zehant* sofort, z. T. bis ins Nhd.: *allerhand, vorhanden, abhanden*.

B. Konsonantische Deklination
1. Die n-Stämme: sogen. schwache Deklination

§ 70. Die *n*-Dekl., einem Teil der lat. dritten Dekl. entsprechend, enthält alle drei Geschlechter. Aus der durch Verschiedenheit der Betonung und damit Ablaut des Bildungselementes *(en/on, ēn/ōn, n̥, n)* hervorgerufenen Vielzahl von idg. Bildungstypen in dieser Klasse hat das Germ. ausgleichend und vereinfachend je einen Typ für Mask., Neutr. und Fem. entwickelt. Dazu tritt eine Gruppe femininer Abstraktbildungen, die vom germ. Standpunkt aus als *īn*-Stämme bezeichnet werden. Die Vokalabschwächung hat im Mhd. die ahd. noch vorhandenen Unterschiede zwischen den Geschlechtern und Kasus fast völlig zum Verschwinden gebracht. Die Endungen sind mit Ausnahme der alten *īn*-Stämme und des A. Sg. der Neutra in allen Geschlechtern gleich. Abfall des *e* in den Endungen tritt bei den kurzsilbigen Wörtern auf *-l, -r, -n* und den Wörtern auf *-el, -er, -en* in derselben Weise ein wie bei den vokalischen Deklinationen, s. § 28.

Anm. 1. Neben der Bildung mit ursprünglichem *on, ôn* germ. *an, ôn* stehen auch hier Wörter, bei denen diesem Bildungselement ein *j* vorausgeht: *jan-* und *jôn-*Stämme.

§ 71. Maskulina: *bote* Bote   **Neutra:** *ouge* Auge

	mhd.	ahd.	mhd.	ahd.
Sg. N.	bote	boto	ouge	ouga
A.	boten	boton, -un	ouge	ouga
G.	boten	boten, -in	ougen	ougen, -in
D.	boten	boten, -in	ougen	ougen, -in
Pl. N A.	boten	boton, -un	ougen	ougun
G.	boten	botôno	ougen	ougôno
D.	boten	botôm	ougen	ougôm

Die Maskulina dieser Gruppe sind sehr zahlreich; z. B. *schade, sâme, name, beseme;* viele Nomina agentis: *bote, gëbe* Geber, *han(e)* eigentlich ‚der Sänger' (lat. *canere*); *jan-*Stämme mit nicht mehr erhaltenem *j*, mit Umlaut und Gemination aber ohne flexivische Unterschiede: *wille, erbe, bürge,* mit nach § 45 erhaltenem *j: scherje, kevje* Käfig.

Neutra besitzt das Mhd. nur vier: *ouge, hërze, ôre, wange.*

§ 72. Feminina: *zunge* Zunge   *hœhe* Höhe

	mhd.	ahd.	mhd.	ahd.
Sg. N.	zunge	zunga	hœhe	hôhî
A.	zungen	zungûn	hœhe	hôhî
G.	zungen	zungûn	hœhe	hôhî
D.	zungen	zungûn	hœhe	hôhî

		mhd.	ahd.	mhd.	ahd.
Pl.	NA.	zungen	zungûn	hœhe	hôhî
	G.	zungen	zungôno	hœhen	hôhîno
	D.	zungen	zungôm	hœhen	hôhîm

Die Zahl der wie *zunge* flektierenden Feminina ist groß; z.B. *dierne, sunne;* mit Abfall des *e: gabel; jôn*-Stämme: *mücke, frouwe;* das Lehnwort *venje* Kniefall zum Gebet (< lat. *uenia*).

Über das Schwanken zwischen der *ô*- und der *n*- *(ôn-)* Deklination s. oben § 66, 4.

Auch die wie *hœhe* flektierenden Feminina sind zahlreich, unter ihnen besonders die von Adjektiven abgeleiteten Abstrakta, z.B. *tiefe, güete, schœne* Schönheit; dazu einige Abstrakta zu schwachen Verben der ersten Klasse: *toufe, wer(e)* Verteidigung. Der (schon westgerm.) Abfall des auslautenden *n* hat zur Folge, daß die Flexion dieser Gruppe sich im Mhd. ganz mit der der *jô*-Stämme deckt.

2. Die -r- Stämme

§ 73. Von den im Lateinischen zahlreicheren *r*-Stämmen hat das Germanische nur die Verwandtschaftsnamen behalten: mhd. *vater, bruoder; muoter, tohter* und (mit germ. zwischen *s* und *r* entwickeltem *t*) *swëster.* Die Flexion ist ursprünglich für alle gleich. Der Abfall des *e* nach -*er* hat die Paradigmata sehr einförmig gemacht. An Abweichungen von der alten Flexion kommen im Mhd. in Betracht:

1. Neben den alten Formen des GD. Sg. und NA. Pl. bei *vater* und *bruoder* Formen nach der *a*-Dekl. *vater(e)s, vater(e), bruoders.*

2. Im Plural neben den alten Formen häufiger solche mit Umlaut, der von der *i*-Dekl. übertragen ist: *veter, brüeder, müeter, töhter.*

	mhd.	ahd.
Sg. NA.	vater, muoter	vater
G.	vater, -ter(e)s; muoter	vater
D.	vater(e); muoter	vater
Pl. NA.	vater(e), veter(e); müeter *usw.*	vater, -tera
G.	vater(e), veter(e)	vatero
D.	vater(e)n, veter(e)n	vaterum

3. Stämme auf -nt- (Partizipialstämme)

§ 74. Die substantivisch gewordenen *nt*-Stämme sind im Mhd. ganz zur *a*-Dekl. übergetreten. Nur von *friunt* ist im NA. Pl. neben der bereits häufigeren Form *friunde* noch das alte endungslose *friunt* belegt. Von *vient, heilant, wigant* sind keine solchen Restformen mehr erhalten.

4. Wurzelnomina

§ 75. Die schon ahd. stark reduzierte alte Flexion der Wurzelnomina ist im Mhd. im weiteren Absterben begriffen.

Das Maskulinum *man* hat zwar noch ein volles konsonantisches Paradigma: Sg. *man* (in allen Kasus), Pl. NA. *man*, G. *manne*, D. *mannen;* daneben stehen aber die Formen der *a*-Deklination: GD. Sg. *mannes, manne* und (selten) NA. Pl. *manne*.

Die Feminina sind zur *i*-Deklination übergetreten. Doch sind von *naht* und *brust* Restformen alter Flexion erhalten: von *naht* die endungslose Form *naht* des GD. Sg. und NA. Pl. und die umlautlosen Formen des G. Pl. *nahte* und des D. Pl. *nahten* (*ze wîhen nahten* > nhd. *Weihnachten*). *Nahtes* in *des nahtes* ist keine alte Flexionsform, sondern Neubildung nach *tages*. Von *brust* sind die alten Pluralformen NA. *brust*, D. Pl. *brusten* neben den jüngern *(brüste, brüsten)* nach der *i*-Dekl. belegt.

Kap. II. Deklination der Adjektiva
(Paul §§ 134–138a)

§ 76. Das Mhd. besitzt wie alle german. Sprachen für die meisten Adjektiva zwei Flexionen: eine vokalische und die konsonantische *n*-Deklination. Wie beim Substantivum bezeichnen wir jene als starke, diese als schwache Deklination.

Anm. 1. Es handelt sich dabei im Grunde stets um zwei Wörter, die zwar in der Wurzel identisch, in der Stammbildung aber verschieden sind. Die *n*-Bildung dient ursprünglich zur Individualisierung (lat. *catus – Cato*). Da aber mit geringen Ausnahmen beide Bildungen in adjektivischem Gebrauch nebeneinander stehen, spricht man nicht von zwei Wörtern, sondern von zwei Flexionsweisen eines und desselben Wortes.

A. Starkes Adjektivum

§ 77. Die starke Flexion der Adjektiva schließt sich zum Teil an das Pronomen an, zum Teil an die vokalischen Substantiva, und zwar sind im Mhd. Maskulina und Neutra durchaus *a*-, bzw. *ja*- und *wa*-Stämme, Feminina *ô*-, bzw. *jô*- und *wô*-Stämme.

Im folgenden Paradigma sind die pronominalen Formen kursiv gedruckt, auch solche, die wie der D. Pl. infolge der lautlichen Entwicklung im Mhd. den nominalen Bildungen gleich geworden sind.

§ 78. Paradigma der reinen *a-ô*-Stämme: *blint*.

Mask.	mhd.	ahd.
Sg. N.	blint, *blinder*	blint, *blintêr*
A.	*blinden*	*blintan*
G.	blindes	blintes
D.	*blindem(e)*	*blintemo*
I.	–	*blintu*
Pl. NA.	*blinde*	*blinte*
G.	*blinder(e)*	*blintero*
D.	*blinden*	*blintêm*

Neutr.	mhd.	ahd.
Sg. NA.	blint, *blindez*	blint, *blintaz*
Pl. NA.	blint, *blindiu*	blint, *blintiu*

In den Formen des G. und D. stimmt das Neutr. ganz zum Mask.

Fem.		
Sg. N.	blint, *blindiu*	blint, *blintiu*
A.	blinde	blinta
G.	*blinder(e)*	*blintera*
D.	*blinder(e)*	*blinteru*
Pl. NA.	*blinde*	*blinto*
G.	*blinder(e)*	*blintero*
D.	*blinden*	*blintêm*

§ 79. Im Nom. Sg. aller drei Geschlechter stehen zwei Formen nebeneinander: eine längere zum Pronomen stimmende (pronominale) Form und die kürzere für die drei Geschlechter gleichlautende nominale, für die auch die sprachgeschichtlich unrichtige aber bequeme Bezeichnung unflektierte Form gebraucht wird. Auch im Fem. ist diese kurze Form die ursprüngliche Form des Nominativs; sie wurde beim fem. Substantiv durch die Form des Akkusativs verdrängt, vgl. § 66, 2. – Die Endung *-iu* des N. Sg. Fem. und des NA. Pl. Neut. herrscht obd., während das Md. früh Formen auf *-e* hat (so schon im Ahd. des späten Frk.).

In den Kasus mit unbetontem *e* in den Endungen sind wie beim Substantivum die Regeln über die Behandlung dieses *e* bei den kurzsilbigen Wörtern auf *-l, -r* und den Wörtern auf *-er, -el, -en* zu beachten (vgl. § 28). Es ergeben sich danach, z. T. neben den Vollformen, gekürzte Formen wie *hols, michels; holm, holme, michelme; holre, micheler, michelre; holn, micheln* usw.

Die wie *blint* flektierenden Adjektiva sind kenntlich an den endungslosen Nominativformen. Sie sind sehr zahlreich. Außer einfachen Adjektiven wie *guot, alt, junc, grôz, snel, starc, swach, voll* besonders viele mit Suffixen wie *heilec, -ic, mähtec, steinîn* und *steinen, irdisch, guotlîch, billîch, heileclîch, drîfalt*, endlich die Partizipia Praet. starker und schwacher Verba: *gegëben, gezalt*.

§ 80. Die *ja-jô*-Stämme unterscheiden sich von den *a-ô*-Stämmen in den Endungen wie beim Substantivum nur durch das auslautende *e* der sogenannten unflektierten Form, das auf das ahd. zu *i* vokalisierte *j* zurückgeht. Das inlautende *j* vor den Endungen ist überall geschwunden.

Der Stamm der *ja-jô*-Stämme zeigt als Nachwirkung des einst vorhandenen *j* umgelauteten Vokal und geminierte Endkonsonanten.

Auch diese Adjektiva sind zahlreich; z. B. *mære, enge, dünne, schœne*, zusammengesetzte wie *getriuwe, gehiure, schinbære, siufzebære*. Die Part. Praes. haben die alte konsonantische Flexion aufgegeben und sind in diese Klasse eingetreten: *nëmende, ziehende, salbende*.

§ 81. Die *wa-wô*-Stämme sind in der unflektierten Form außer *zëse* (rechts) alle endungslos geworden. Nach langem Vokal hatte schon das Ahd. das aus auslautendem *w* vokalisierte *o* abgeworfen, so **blâo > ahd. mhd. blâ; grâ, glou*. Ebenfalls schon ahd. wurde das auslautende *o* mit kurzem Vokal verschmolzen, so **frao > ahd. mhd. frô*. Bei den kurzsilbigen Adjektiven auf *l, r* ist das auf das auslautende *w > o* zurückgehende *e* nach mhd. Regel abgefallen **falo*, mhd. *fal, *varo*, gefärbt, mhd. *var* (§ 44).

In den flektierten Formen erscheint ursprünglich überall das *w*: *grâwer, varwes, zëswer*. Nur der Kontraktionsvokal der Adjektiva wie *frô* wird schon früher durch das ganze Paradigma durchgeführt.

§ 82. Die alten *i*- und *u*-Stämme haben ihre ursprüngliche Flexion aufgegeben und gehören mhd. in die *ja-jô*-Klasse. Doch sind bei einigen Adjektiven neben der Form dieser Klasse im Nom. Sg. Formen ohne Umlaut und ohne Endung vorhanden, die zu den entsprechenden Formen der *i*-Substantiva (*gast* und *maht*) stimmen und als Reste der alten Flexion gelten dürfen, so *hart* (*u*-Stamm) neben *herte, rein* (*i*-St.), *swâr* neben *reine, swære* u. a.

B. Schwaches Adjektivum

§ 83. Die schwachen Adjektiva flektieren im Mhd. wie schon ahd. als *n*-Stämme wie die schwachen Substantiva, Mask. wie *bote*, Neutr. wie *ouge*, Fem. wie *zunge* ohne irgendeinen Unterschied.

C. Steigerung der Adjektiva (Paul §§ 139 f.)

§ 84. Von den verschiedenen Ablautformen des idg. Steigerungssuffixes *(ies, ios, iôs, is)* verwendet schon das Ahd. nur *-ir-* (< idg. *-is-* nach § 50) für den Komparativ und *-ist-* (< idg. *-is-to-*) für den Superlativ. Dazu treten die nur germ. Suffixe ahd. *-ôr-* (< germ. *-ôz-*) im Komp. und *-ôst-* im Sup. Im Mhd. sind infolge der Vokalabschwächung *-ir* und *-ôr* zu *-er* zusammengefallen, *-ist* und *-ôst* zu *-est;* nur wenige obd. Reste zeigen noch die frühere Form des Suffixes: *oberist, vorderôst.* Der Umlaut des Stammsilbenvokals wie *lenger, elter* könnte auf Bildungen mit *-er* aus *-ir* hinweisen; doch wird der Umlaut mehr und mehr zu einem Zeichen der Steigerung, weshalb umgelautete Formen auch auf solche Adjektiva übertragen werden, die ursprünglich umlautslose Steigerung hatten.

Komparativ und Superlativ von Adjektiv-Adverbien sind umlautslos: *langer, langest* gegen Adj. *lenger, lengest.*

Komparative und Superlative flektieren entgegen früherem Gebrauch, der nur schwache Flexion kannte, im Mhd. wie die Adjektiva stark und schwach.

§ 85. Als unregelmäßige Steigerung pflegt man Fälle zu bezeichnen, bei denen der Positiv und die Steigerungsformen von verschiedenen Wörtern gebildet sind (sogen. Suppletiverscheinungen).

Von solchen besitzt das Mhd. vier:

guot	beʒʒer	beʒʒeste (beste)
übel	wirser	wirseste (wirste)
michel	mêre	meiste
lützel	minner, minre	minneste, minste

Zu einer Reihe von Komparativen und Superlativen, welche Orts- und Zeitangaben enthalten, fehlen die adjektivischen Positive: *inner, innerste – ûʒʒer, ûʒʒerste; ober, oberste – under, underste; vorder, vorderste – hinder, hinderste.*

Anhang: Bildung der Adjektivadverbia. (Paul § 141)

§ 86. Adverbia werden vom Adjektiv mit Hilfe der Endung mhd. *e* (< ahd. *o*) gebildet. Diese Endung trat ursprünglich direkt an die Wurzel an, nicht an den Flexionsstamm. Die Folge war, daß die Adverbia der *ja-*Stämme umlautslos blieben; z. B. ahd. Adj. **fastj- > festi,* mhd. *feste;* ahd. Adv. *fasto* > mhd. *faste.*

Ebenso z. B. mhd. Adj. *schœne, enge,* Adv. *schône, ange.*

Viele Adjektiva, vor allem solche mit einem Suffix, haben kein einfaches Adv. auf -*e*, sondern ersetzen es durch Adverbia erweiterter Bildungen, so zu *sœlec* die Erweiterung *sœleclîch,* Adv. *sœleclîche,* zu *êrsam* Adv. *êrsamlîche.*

Außer solchen Adverbialbildungen werden auch einige Kasus von Adjektiven als Adverbia verwendet: Gen. Sg. *alles, gâhes;* A. Sg. Neutr. *lützel, al, gar,* von Steigerungsformen *langer, langest;* D. Pl. *emʒeclîchen;* ebenso Präpositionalverbindungen: *ze wâre, überal.*

Die oben (§ 85) genannten „unregelmäßigen" Komparative haben kurze Adverbialformen neben sich *beʒʒer-baʒ, wirser-wirs, minner-min mêre-mê.* Adverbium zu *guot* ist *wol.*

Kap. III. Die Zahlwörter
(Paul § 152)

1. Die Kardinalzahlen

§ 87. 1. *ein,* flektiert wie ein Adjektivum stark und schwach.

Anm. 1. Als unbestimmter Artikel (auch pluralisch *ze einen pfingsten*) und als Pronomen indefinitum flektiert *ein* stark, in der Bedeutung „allein" schwach.

2 und 3 haben im NA. nach den Geschlechtern verschiedene Formen; G. und D. sind den drei Geschlechtern gleich.

	Mask.	Fem.	Neutr.
2. NA.	zwêne	zwô, zwâ	zwei
G.		zweier (zweiger)	
D.		zwein	
3. NA.	drî, drîe	drî, drîe	drîe, driu
G.		drîer (drîger)	
D.		drin, drîn	

Anm. 2. Die Genetivformen *zweier, drîer,* ebenso die NA. *drîe, driu* sind jüngere Bildungen nach der Adjektivflexion (ahd. noch G. *zweio, drîo*). Der Dativ *drîn* hat die Länge aus den andern Kasus übernommen.

4–12 sind endungslos oder als starke Adjektiva mit verschiedenen Formen für die Geschlechter flektiert: z. B. NA. Mask. Fem. *sibene,* neutr. *sibeniu;* G. *vierer;* D. *fünfen.*

13 hat den ersten Teil im NA. nach den Geschlechtern verschieden: *drîzëhen, driuzëhen,* bleibt aber sonst unflektiert.

14 ff. sind durchaus unflektiert (*fünfzëhen* usw.), auch die Zehner, die mit *-zic,' -zec*, seltener *-zoc* gebildet werden (*zweinzic, drîzic, niunzic* usw.).

Anm. 3. Die im älteren Ahd. noch vorhandene alte Verschiedenheit der Bildung 20–60 und 70–100 (ahd. *fiorzug*, aber *sibunzo* usw.) ist aufgegeben.

Anm. 4. Die Zahlen von *drî* an sind entweder attributive Adjektiva neben den Substantiven oder Substantiva mit Genetiv, besonders wenn schon ein adjektivisches Attribut beim abhängigen Substantiv steht; z. B. *drî man, drî küener manne*.

100 und 1000. Die alten Formen *zëhenzic* und *zëhenhunt* sind selten; herrschend sind *hundert* und *tûsent*, Substantiva mit abhängigem Genetiv: *hundert manne*.

2. Ordinalzahlen

§ 88. Besondere Bildungen sind 1. *ërste*, wie ein Superlativ flektiert. – 2. *ander* der zweite, Pronominaladjektiv, stark und schwach flektiert; erst ganz spät tritt *zweite* auf.

Die andern Ordinalzahlen sind von den Kardinalzahlen abgeleitet und zwar die von 3 bis 19 mittels eines Dentalelements, das nach *s* und *f* sowie geminiert als *t* erscheint (*dritte, sehste, zwelifte*) sonst meist als *d* (*vierde, niunde*). Die Ordinalzahlen von 20 an sind mit dem Superlativsuffix gebildet: *drîzigeste, hundertste*. Die Flexion der Ordinalzahlen von drei an ist die schwache.

3. Zahladverbia

§ 89. Einfache Bildungen sind: 1. *eines* einmal, Vorläufer des nhd. *einst;* 2. *zwir* zweimal; 3. *drîes* dreimal (selten).

Für alle anderen Zahladverbia werden Umschreibungen gebraucht a) am häufigsten mit *stunt: drîstunt* dreimal usw.; *anderstunt* zum zweiten Male; b) seltener mit *wërbe, warp* (Drehung): *vier wërbe* viermal usw., *anderwërbe* zum zweiten Male; c) noch seltener mit *mâl (siben mâl)*, häufiger nur in Formeln wie *ze drin mâlen, ze dem dritten mâle*.

Kap. IV. Deklination der Pronomina
(Paul §§ 145–151)

§ 90. Ungeschlechtige Pronomina der 1. und 2. Person.

	1. Person		2. Person	
	mhd.	ahd.	mhd.	ahd.
Sg. N.	ich	ih	du, dû	du, dû
A.	mich	mih	dich	dih
G.	mîn	mîn	dîn	dîn
D.	mir	mir	dir	dir
Dual N.	–	–	ëȝ	–
A.	–	–	ënk	–
G.	–	unkêr	ënker	–
D.	–	–	ënk	–
Pl. N.	wir	wir	ir	ir
A.	unsich, uns	unsih	iuch	iuwih
G.	unser	unsêr	iuwer	iuwêr
D.	uns	uns	iu, iuch	iu

Neben den Formen *mir, dir, wir, ir* finden sich in mitteldeutschen Mundarten die dem Nd. entsprechenden Formen ohne *r: mî, dî, wî, gî*.

Im Plural beeinflussen sich Dativ und Akkusativ in der Weise, daß in der ersten Person der Akkusativ *unsich* früh selten ist und durch die Dativform *uns* (wie nhd.) ersetzt wird, während in der zweiten Person etwas später (etwa seit 1250) die Akkusativform *iuch* in den Dativ eindringt.

Vom Dual ist in der ersten Person nichts erhalten. Die Literatursprache hat bis zum 14. Jahrhundert auch keine Belege für den Dual der zweiten Person; dann treten bairisch-österreichisch die dort auch nhd. geltenden Formen Nom. *ëȝ*, D. A. *ënk* in Pluralbedeutung auf.

§ 91. Vom Reflexivum kennt das Mhd., wie das Ahd., nur zwei Formen: *sîn* für den Gen. Sg. Mask. und Neutr., *sich* für den Akk. Sg. und Plur. aller Geschlechter. Für den Dativ wird *sich* nur im Mfr. gelegentlich gebraucht.

Die fehlenden Formen werden ersetzt durch Umschreibung mit Hilfe von Formen des geschlechtigen Pronomens der dritten Person: für den G. Sg. Fem. *ir*, D. Sg. Mask. Neutr. *im*, Fem. *ir*, G. Pl. der drei Geschlechter *ir*, D. Plur. *in*. (So noch frühnhd.! Luther: *unser keiner lebt ihm selber*.)

§ 92. Geschlechtiges Pronomen der 3. Person.

	Mask.		Neutr.		Fem.	
	mhd.		ahd.		mhd.	ahd.
Sg. N.	ër	ëʒ	ër	ëʒ	siu, sî, si	siu, si
A.	(inen)in	ëʒ	inan	ëʒ	sie, sî, si	sia, sie
G.	sîn	ës	sîn, ës		ir(e)	ira
D.	im(e)		imo		ir(e)	iru
Pl. NA.	sie, sî, si	siu	sie	siu	sie, sî, si	sio
G.	ir(e)		iro		ir(e)	iro
D.	in(inen)		im		in(inen)	im

Im N. Sg. Mask. haben md. Mundarten auch die zum Nd. stimmenden Formen *hê, hie* sowie die Kontaminationsform *hër* aus *hē* und *ër*.

Der N. Sg. Neutr. heißt mfrk. *it* (s. § 34).

Der G. Sg. *ës* ist im Neutr. herrschend, während im Mask. meist *sîn* dafür eintritt.

Im A. Sg. Mask. ist frühmhd. noch manchmal die ältere Form *inen* belegt.

Die älteren zweisilbigen Formen *ire, ime* sind in der obd. Literatur des 13. Jhs. schon sehr selten.

Die mit *s* anlautenden Formen des NA. Sg. Fem. und des NA. Pl. der drei Geschlechter sind zunächst streng getrennt (im Paradigma die älteste Form immer an erster Stelle); sie gleichen sich dann mehr und mehr aneinander an in der Richtung zum Nhd. *sie*. Unter Schwachton werden *siu, sie > si*, welches seinerseits durch stärkere Betonung > *sî* werden kann.

Im DPl. tritt alem. seit dem späten 13. Jh. die Form *inen* auf, die sich nhd. allgemein durchsetzt.

Demonstrativum

§ 93. Das einfache Demonstrativum, schon ahd. auch als bestimmter Artikel und als Relativum gebraucht.

	Mask.		Neutr.		Fem.	
	mhd.		ahd.		mhd.	ahd.
Sg. N.	dër	daʒ	dër	daʒ	diu	diu
A.	dën	daʒ	dën	daʒ	die	dia
G.	dës		dës		dër(e)	dera
D.	dëm(e)		dëmo		dër(e)	dero
I.	–	diu	–	diu	–	–
Pl. NA.	die	diu	dê, die	diu	die	dio
G.	dër(e)		dëro		dër(e)	dër(o)
D.	dën		dêm		dën	dêm

§ 94. Verstärktes Demonstrativum

Im N. Sg. Mask. hat das Md. auch die zum Nd. stimmenden Formen *dê, die;* von Lachmann ist diese Form an vielen Stellen bei Wolfram zu Unrecht eingesetzt.

Der N. Sg. Neutr. heißt im Mfr. *dat* (s. § 34).

Der Instr. ist nur im Sg. Neutr. noch in Präpositionalverbindungen in Gebrauch: *ze diu* u. a. Ein älteres *dës diu* ist abgeschwächt in mhd. *dëste* vorhanden (nhd. *desto*).

Die zweisilbigen Formen *dëme, dëre* gehören älterer Zeit an; sie werden später nur vereinzelt in betonter Stellung gebraucht.

Beim Gebrauch als Artikel tritt vielfach Abschwächung und Verkürzung ein: 1. im NA. Sg. Neutr. *deʒ* statt *daʒ;* 2. proklitisch vor Vokal *de, d* für *die, diu, diu ërde* > *dërde,* vor Konsonant *s* für *dës: stages;* 3. enklitisch nach Präpositionen *-me* für *dëme, -ën* für *dën: in dëme* > *inme* > *ime, an dën tac* > *anen tac.*

§ 94. Das verstärkte Demonstrativum. (Im ahd. Teil des Paradigmas jeweils die im 9. Jahrhundert herrschende Form und kursiv die dem Mhd. schon nahe stehende spätahd. Form Notkers.)

	Mask.	Neutr.	Mask.	Neutr.
	Mhd.		Ahd.	
Sg. N.	dirre, diser	ditze, diʒ	desêr, *dirro*	diz, dizi
A.	disen	ditze, diʒ	dësan, *disen*	diz, dizi
G.	dises (disse)		dësses, *disses*	
D.	disem(e)		dësemo, *disemo*	
I.	– | –		– | dësiu, *disiu*	
Pl. NA.	dise | disiu		dëse, dise | dësiu, *disiu*	
G.	dirre, diser		dësero, *dirro*	
D.	disen		desêm, *disên*	

	Femin.	
	Mhd.	Ahd.
Sg. N.	disiu	dësiu, *disiu*
A.	dise	dësa, *disa*
G.	dirre, diser	dësera, *dirro*
D.	dirre, diser	dëseru, *dirro*
Pl. NA.	dise	dëso, *dise*
G.	dirre, diser	dësero, *dirro*
D.	disen	dësêm, *disên*

Das verstärkte Demonstrativum ist ursprünglich das einfache Demonstrativum mit angefügtem unflektiertem deiktischem *-se.* Eine Form dieser Art hat das Mhd. nur noch in dem nicht ganz seltenen G. Sg. Mask. Neutr. *disse* (mit bereits umgebildetem Stamm).

Die Umformung beginnt bereits frühahd., indem die Flexion ans Ende tritt. Der Stamm nimmt dann spätahd. die Gestalt *dis-* an (Notker). Formen mit einem *r* in der Endung assimilieren diesem das *s* des Stammes. Für alle diese Formen hat das Ahd. Notkers einheitlich *dirro*, das mhd. zu *dirre* werden muß. An Stelle dieser Form tritt dann spätmhd. *diser*, im N. Sg. Mask. auch *dise*.

Der NA. Sg. Neutr. hat die Doppelform *ditze* und *diz* (bair.), *diʒ* (alem., ostfrk.). Mfrk. heißt er *dit* (s. § 34).

§ 95. Das **Fragepronomen** hat nur geringen Formenbestand, da kein Plural gebildet wird und für das Mask. und Fem. dieselben Formen gelten.

	Mhd.		Ahd.	
	Mask. Fem.	Neutr.	Mask. Fem.	Neutr.
Sg. N.	wër	waʒ	wër	waʒ
A.	wën	waʒ	wënan, wën	waʒ
G.	wës		wës	
D.	wëm(e)		wëmo	
I.		wiu		wiu

Im N. Sg. hat das Md. auch *wê, wie; we, wi;* – der NA. Sg. Neutr. heißt mfrk. *wat* (vgl. § 34). Der Instr. Neutr. kommt wie der Instr. des Demonstrativums nur noch in Präpositionalverbindungen vor: *ze wiu* usw.

Wie *wër/waʒ* flektieren auch die damit zusammengesetzten *ete(s)wër* ‚irgendeiner', *swër* (< *sô wer*) ‚wer immer' und *neiʒwër* (zusammengeschmolzen aus *ne weiʒ wër* ‚ich weiß nicht wer') ‚irgendeiner'.

Pronominaladjektiva und -substantiva

§ 96. Die mhd. **Possessiva** sind für die 1., 2. Pers. Sg. *mîn, dîn,* Pl. *unser, iuwer* (bair. *ënker*, vgl. § 90); für die 3. Pers. Sg. Mask. und Neutr. *sîn.* Sie flektieren durchaus als starke Adjektiva (vereinzelte schw. Formen erst spätmhd.), auch nach dem bestimmten Artikel *(dër dîn);* der Nom. Sg. hat meist unflektierte Form auch im Fem.: *mîn frouwe.*

Das Fränkische hat für die pluralischen Possessiva *unser, iuwer* Formen ohne *r*, da deren unflektierte Nominative offenbar als flektierte Formen angesehen (z. B. *uns-er = blind-er*) und danach neue oblique Kasus *unses* (= *blindes*), *unsem, iuwer, iuwen* usw. gebildet werden.

Ein Possessivum für die 3. Person Sg. Fem. und für die 3. Person Plur. aller Geschlechter besitzt das Mhd. nicht. Ersatz wird ähnlich wie beim Reflexivum geschaffen durch Umschreibung mit Hilfe von Formen des

Pronomens der 3. Person, hier des G. Sg. Fem. und des G. Pl. Mask., Fem. und Neutr.: *ir hûs* (auf ein Fem. bezogen), *ir* (Pl.) *zungen*. Dieser Genetiv *ir* wird im Laufe der mhd. Zeit Stamm eines neuen Possessivums und nimmt die Flexionsendungen eines starken Adjektivums an: *ires, irem, irer* usw.

§ 97. Die Zahl der sonstigen Pronominaladjektiva ist groß; z.B. fragende: *wëder* wer von beiden, *welîch* wie beschaffen; antwortende: *dewëder* und *eindewëder* einer von beiden *ied(e)wëder* jeder von beiden, *solîch* so beschaffen; unbestimmte (indefinita): *sum, ët(e)lich, ët(e)wër, dechein,* irgendeiner; negiert: *nechein* (> *nekein* und mit Loslösung von *ne-* > *kein*) keiner, *newëder* keiner von beiden. Alle diese flektieren ursprünglich als starke Adjektiva, wobei im N. Sg. die unflektierte Form Regel ist: *nechein frouwe*.

Anm. 1. Das Pronomen *jener*, daneben alem. *ener* mit ungeklärtem Fehlen des *j*, hat keine sog. unflektierte Form.

Anm. 2. *sëlp* flektiert stark und schwach.

§ 98. Das Substantivum *man* wird als unbestimmtes Pronomen nur im N. Sg. gebraucht. Die Komposita *ieman, nieman* flektieren nach der *a*-Deklination. – *Wiht, iht* etwas, *nieht* (< *niwiht*), *niht* flektieren als neutrale *a*-Stämme, also G. *ihtes, nihtes,* D. *ihte, nihte*.

II. KONJUGATION
Kap. I. Allgemeines (Paul §§ 153 f.)

§ 99. Das Mhd. hat, wie schon das Ahd., gegen das Idg. einen stark reduzierten Bestand an Formen. Vorhanden sind noch die Folgenden:

1. Nur noch ein Genus, das **Aktivum**, in überkommener Form. Das alte Passivum ist ganz aufgegeben. Als Ersatz dient Umschreibung durch das Part. Praet. mit dem Praes. bzw. Praet. von *wërden* und *wësen*: Praes. *ich wirde gesëhen*, Praet. *ich wart gesëhen*, Perf. *ich bin gesëhen*, Plusqpf. *ër was geprîset*. Umschreibungen wie *ër was geprîset worden* begegnen zuerst bei Wolfram (Parz. 57, 29 ff.), bleiben aber selten.

2. Zwei Zeitformen: **Praesens** und **Praeteritum**. Alle anderen Vergangenheitsformen und ebenso das alte Futurum sind schon in germ. Zeit aufgegeben und müssen ersetzt werden.

Für das **Futurum** genügt wie auch Nhd. oft das Praesens. Umschreibungen sind möglich durch *sol, wil*, seltener durch *muoʒ* mit dem Infinitiv. Für die nhd. Umschreibung durch *werden* mit dem Infinitiv hat das Mhd. zwei Vorstufen:

a) *wërden* mit dem Part. Praes. (in inchoativer Bedeutung) zur Bezeichnung des Eintritts einer Handlung oder eines Geschehens: *er wird farende*.

b) *wërden* mit dem Infinitiv in derselben inchoativen, noch nicht futurischen, Bedeutung einzeln seit dem 11. Jh.: *er wirt klagen*, daneben auch *er ist klagen*.

Die beiden Ausdrucksweisen nähern sich einander wohl durch lautliche Abschleifung der Endung des Part. *-ende* > *enne* > *en*. Die rein futurische Bedeutung entwickelt sich aus der inchoativen und setzt sich durch, begünstigt durch die Unklarheit, die mit *sol* oder *wil* mit Infinitiv verbunden sein kann. Im ostdeutschen Gebiet ist sie zuerst durchgedrungen, erst frühnhd. wird sie allgemein üblich; s. auch Behaghel, Deutsche Syntax II, § 689 ff.

Die fehlenden Vergangenheitsformen werden gleichfalls durch neue Bildungsweisen ersetzt:

a) das Perfekt bei transitiven Verben durch *haben* mit dem Part. Praet. *er hat sich gesetzt*, bei intransitiven Verben durch *sîn* mit dem Part. Praet.: *er ist gesëʒʒen*.

b) das Plusquamperfekt 1. wie schon im Ahd. durch das mit dem perfektivierenden (d.h. den Abschluß einer Handlung bezeichnenden) Praefix *ge-* zusammengesetzte Praet.: *dô ër gesaʒ* als er sich gesetzt hatte. 2. durch *hâte* bzw. *was* mit dem Part. Praet.: *dô ër gegëben hâte, gesëʒʒen was*.

3. Drei Modi: ein Modus zum Ausdruck des Wirklichen, der **Indikativ**; ein zweiter zur Bezeichnung des Unsicheren, des nur Möglichen, Hypothetischen, Wünschenswerten, seiner sprachlichen Bildung nach ein **Optativ** (Wunschmodus), in den germanischen Grammatiken meist **Konjunktiv** genannt; ein Modus zum Ausdruck des Befehls, der **Imperativ**.

4. Zwei Numeri: **Singular** und **Plural**.

5. Drei Verbalnomina: Das **Partizipium Praesentis**, seiner Bildung nach ein alter *nt*-Stamm, im Mhd. adjektivischer *ja*-Stamm. Das **Partizipium Praet.**, adjektivischer *a*-Stamm. — Der **Infinitiv Praesentis**, zu dem mit Hilfe eines erst im Germanischen auftretenden Suffixes *-njo-* (> westgerm. *-nnjo-*, s. § 31) auch das Mhd. noch einen Genetiv und Dativ Singularis bildet: *gëbennes, ze gëbenne* usw.

§ 100. Die Hauptmasse der Verba wird im Mhd. wie in den andern germanischen Sprachen in zwei große Klassen eingeordnet, die J. Grimm als starke und schwache bezeichnet. **Starke Verba** nennen wir danach solche, die ihr Praeteritum durch einen Ablaut (s. § 12) des Stammvokals oder durch Reduplikation (s. § 110) bilden, schwache Verba jene, die zur Bildung der Praeterita ein Dentalsuffix verwenden. Hinzu treten einige wenige isolierte Reste besonderer Bildungen.

Kap. II. Die Flexion der starken und schwachen Verba
(Paul §§ 155–181)

§ 101. Die Tafeln hinter S. 60 enthalten von links nach rechts I. Ahd. *wĕrdan* zur Darstellung der ursprünglichen Endungen, des Vokalwechsels im Praesens und der normalen Verteilung des grammatischen Wechsels.

II. Mittelhochdeutsche Beispiele.

A. Starke Verba

1. *grîfen* (Klasse I; Praet. *ei*).
2. *lîden* (Kl. I; Praet. *ei*, gramm. Wechsel).
3. *dîhen* (Kl. I; Praet. *ê*, gramm. Wechsel).
4. *biegen* (Kl. II; Praes. *ie-iu*, Praet. *ou*).
5. *bieten* (Kl. II; Praes. *ie-iu*, Praet. *ô*).
6. *kiesen* (Kl. II; Praes. *ie-iu*, Praet. *ô*, *e*-Synkope, gramm. Wechsel).
7. *hëlfen* (Kl. III; Praes. *ë-i*).
8. *vinden* (Kl. III; Praes. *i*, aufgegebener gramm. Wechsel.)
9. *nëmen* (Kl. IV; Praes. *ë-i*) und ergänzend *stëln* (*e*-Synkope).
10. *gëben* (Kl. V; Praes. *ë-i*).
11. *lësen*, im Praet. durch *wësen* ersetzt (Kl. V; Praes. *ë-i*, gramm. Wechsel).
12. *bitten* (Kl. V; *j*-Praesens).
13. *graben* (Kl. VI; Praes. *a-e*).
14. *slahen* (Kl. VI; Praes. *a-e*, gramm. Wechsel).
15. *loufen* (red.).
16. *stôzen* (red., 2. 3. Praes. Umlaut).

B. Schwache Verba

17. *hœren* (Kl. I; Praet. Rückumlaut).
18. *zellen* (Kl. I; *e*-Synkope, Praet. Doppelformen).
19. *nerien* (Kl. I; *e*-Synkope, ohne Rückumlaut).
20. *salben* (Kl. II; zugleich Beispiel für Kl. III).

Anmerkungen zu den Endungen der mhd. Verbalflexion

§ 102. Die auf die Bildung der Flexionsstämme, der Tempora und Modi

§ 102. Die Verbalendungen

zurückgehende ursprüngliche (noch ahd.) Verschiedenheit der Vokale in den Endungen ist infolge der Vokalabschwächung im Mhd. (§ 26) verschwunden. Alle Verbalklassen, alle Tempora und Modi haben – von wenigen alten Restformen abgesehen – in allen Formen gleichmäßiges *e*; z. B. ahd./mhd. *nimit/nimet, nëmên/nëmen, nâmîs/nœmest, gëbant/gëbent, nâmun/ nâmen, salbônt/salbent* usw.
Dieses *e* unterliegt den Gesetzen über Wegfall eines unbetonten *e* in bestimmten Stellungen; s. § 28.

1. Praesens

a) Infinitiv

Über Abfall des *-n* s. § 49. – Über die Flexion s. § 99: die Gemination wird nicht selten vereinfacht, so im Reim *ze sagene: Hagene*. Flektierte Formen ohne *n* (*trinkes*) begegnen bair.-österreichisch, Formen mit *nd* (*ze nëmende*) sind alemannisch und md. belegt.

b) Indikativ

1. Sg. Während im Ahd. die starken Verba und die schwachen Verba erster Klasse die vokalische Endung *-u* > mhd. *-e* hatten, war bei den schwachen Verben von Klasse II und III der auf idg. *-mi* zurückgehende Nasal erhalten: *salbôn, sagên*. Im Frühmhd. ist dies aufgegeben und die vokalische Endung der andern Klassen durchgeführt. Nur in md. Mundarten, seltener westalemannisch, ist die Endung *-en* noch oft belegt und selbst auf starke Verba (*ich lîden, gëben* usw.) übertragen.

2. Sg. Normale Endung ist *-est*, die im Laufe der ahd. Zeit dadurch entstand, daß an den ursprünglichen Ausgang *-s* der Dental des nachgestellten Pronomens *du* antrat. In dieser Form ist die Endung dann im Mhd. auch in allen Konjunktiven sowie im Ind. Praet. der schwachen Verba herrschend. Nur in md. Mundarten sind Formen auf *-s* (*slâfes, suoches*) auch in mhd. Zeit noch häufig.

1. Pl. Die Endung *-en* ist allgemein; der alte Unterschied zwischen Ind. und Konj. Praes. ist längst aufgegeben. Vor nachgestelltem Pronomen *wir* fällt das *-n* sehr oft ab (*wir nëmen – nëme wir*).

2. Pl. Die Endung *-et* ist im größten Teil des Sprachgebietes herrschend. Nur im Alem. ist (schon seit spätahd. Zeit) die Endung der 3. Person auf die 2. Person übertragen worden: *ir gëbent*. Auch die anderen Tempora und Modi haben dies übernommen.

3. Pl. Die Endung *-ent* ist im größten Teil des mhd. Bereichs kennzeichnend für den Ind. Praes. Doch beginnt die Angleichung an die Endung *-en*

aller anderer dritten Personen schon früh in md. Mundarten; obd. Mundarten folgen erst ganz spät.

c) Konjunktiv

Im Konjunktiv sind die Endungen aller Klassen vollständig gleich. Über die 2. Sg. auf *-est*, die 2. Pl. auf *-nt* s. oben unter b.

d) Imperativ

2. Sg. Kennzeichnend für die starken Verba, mit Ausnahme der *j*-Praesentia, ist die Endungslosigkeit. Die schwachen Verba haben die auf älteres *i, o, e* zurückgehende Endung *-e;* ihnen schließen sich die den schwachen Verben der ersten Klasse im Praesens gleichgebauten *j*-Praesentia der starken Verba an (s. § 108. 109). Die Endung wird gelegentlich auch auf andere starke Verba übertragen: *trage, gibe* (hier auch mit Übernahme des Stammvokals aus dem Konjunktiv: *gëbe*).

e) Partizipium

Über die Endung *-unde* im Bairischen s. § 114. Über Wegfall des *n* *(helede)* s. § 49, über die Abschleifung *nd > nn > n* und ihre Folgen s. § 99, 2. Über die Flexion s. § 80.

2. Praeteritum

a) Indikativ

2. Sg. der st. Verba. Die Endung *-e* ist altes *i*, was sich im Umlaut der Stammvokale zeigt: *du büge, hülfe, stœle, gæbe, füere*. In md. Texten finden sich bereits vereinzelt Formen mit Übertragung der Endung *-est*, zunächst unter Beibehaltung des Umlauts, später ohne diesen: *du nœmest, nâmest*.

2. Sg. der schw. Verba. Im Alemannischen begegnen Formen mit erhaltenem *o: du hôrtost*. – Angleichung an die st. Verba ist *du brœhte* (Wolfram), *dœhte*.

1. 2. 3. Pl. Über die Endung *-ent* in der 2. Pl. s. oben 1, b; Restformen mit *o (hôrton)* sind beim schwachen Praeteritum alem. nicht selten.

b) Konjunktiv

Das st. Verbum hat durchgehend Umlaut eines umlautsfähigen Stammvokals: *ër nœme* usw.

Schwache Verba mit Rückumlaut (s. § 118) im Ind. Praet. haben auch im Konj. ursprünglich keinen Umlaut; md. Mundarten führen ihn dann nach dem Muster der st. Verba ein: *er hœrte.* – Im Alem. finden sich Restformen mit erhaltenem *i* (ahd. *î*) in der Endung: *sie hôrtin*.

2. Pl. aller Praetertia: über die Endung *-nt* im Alem. s. oben unter 1, b.

3. Partizipium Praeteriti

Über die Flexion aller Part. Praet. s. § 79. Über den Wegfall des auslautenden *-n* bei starken Verben s. § 49. Über die Behandlung des Bindevokals beim Part. schwacher Verba s. § 119.

Einfache und nicht mit untrennbaren Praefixen zusammengesetzte Verba haben mhd. mit geringen Ausnahmen beim Part. Praet. das Praefix *ge*: *gebrochen, abgebrochen,* aber *verbrochen.* Dieses Praefix war ein Hilfsmittel, die Vollendung einer Handlung, eines Geschehens auszudrücken, einem Verbum perfektive Bedeutung zu geben: *sah* sah, *gesah* hatte gesehen, erblickte. In dieser Funktion wurde das Praefix im Part. Praet. der meisten Verba früh fest. Es war aber überflüssig und fehlte deshalb bei Verben, die an sich schon perfektive Bedeutung haben. So hat auch das Mhd. noch ohne Praefix die Part. *funden, troffen, worden, komen, brâht;* auch *lâzen, gëben,* seltener *nomen* kommen so vor.

Anm. 1. Vor Vokal und vor manchen Konsonanten *(w, n, g, l)* wird das *e* ausgestoßen: *gëzzen* gegessen, *gwunnen, gangen* u. a.

Kap. III. Bildung der Tempusstämme

A. Starke Verba

§ 103. Weitaus die Mehrzahl der starken Verba sind ablautende Verba. Unter ihnen wiederum zeigen die meisten, die Klassen I–V, die Ablautformen der idg. *e/o*-Reihe, während ein kleiner Teil, die Klasse VI, auf andere idg. Ablautreihen zurückgeht. Die ehemals reduplizierenden Verba zeigen im Mhd. einen dem Ablaut ähnlichen Vokalwechsel (s. § 110).

Neben den Ablautserscheinungen tritt eine Anzahl anderer vokalischer Erscheinungen auf, die einzelsprachlich durch den Einfluß der Endungen bedingt sind, also nicht zum Ablaut gehören. Solche sind in der Hauptsache:

1. der teils germanische, teils ahd. Übergang von *ë* > *i* (§ 4) in der 1.–3. Sg. Ind. Praes. und der 2. Sg. Imp. der Klassen III–V,
2. die Spaltung von germ. *eu* (§ 5) in mhd. *ie* und *iu* im Praes. der Klasse II,
3. die Brechung von *u* > *o* (§ 5) im Part. Praet. der Klassen II–IV,

4. der Umlaut in der 2. 3. Sg. Ind. Praes. der Klasse VI und bei einigen reduplizierenden Verben, in der 2. Sg. Praet. und im ganzen Konjunktiv Praet. der Klassen II–VI.

Es sind deshalb fünf Formen zu nennen, damit die vokalischen Erscheinungen eines starken Verbums vollständig charakterisiert werden. Diese sind: 1. der Infinitiv für die Formen des Praes. außer der 1.–3. Sg. Ind. und 2. Sg. Imp.; 2. die 1. Sg. Ind. Praes. für die 1.–3. Sg. Ind. Praes. und die 2. Sg. Imp.; 3. die 1. 3. Sg. Ind. Praet.; 4. die 1. Pl. Ind. Praet. für die 2. Sg. Ind. Praet., den Plural Ind. Praet. und den ganzen Konj. Praet.; 5. das Part. Praet.

Soweit grammat. Wechsel (§ 50) vorliegt, kommt stimmlose germ. Spirans bzw. ihre Fortsetzung (mhd. *f, h, s, d*) den Formen mit Vollstufe (V) und Abtönung der Vollstufe (A) zu (Praes. und 1. 3. Sg. Ind. Praet.), die stimmhafte Spirans bzw. ihre Fortsetzung (mhd. *b, g, r, t*) den schwundstufigen Formen des Praet. und des Part. Praet. In Kl. V haben die dehnstufigen Formen des Praet. den stimmh. Spiranten, das Part. Praet. mit Reduktionsstufe den stimmlosen. Andere Verteilung beruht stets auf späterem Ausgleich.

1. Die ablautenden Verba

§ 104. Klasse I.

Idg.   V *ei*   A *oi*   S *i*
Germ. V *ī*   A *ai*   S *i*

Die Verba dieser Klasse teilen sich im Ahd., Mhd. in zwei Gruppen: a) die meisten mit *ei* in der 1. 3. Sg. Praet.: *î, î, ei, i, i;* b) die Verba auf *w* und germ. *h*, vor denen germ. *ai* > *ê* wird (s. § 23): *î, î, ê, i, i.*

Beispiele: a) *grîfen, grîfe, greif, griffen, gegriffen*, ebenso u. a. *rîten, bîzen, blîben, bîten, nîgen.*

b) *dîhen, dîhe, dêch, digen, gedigen.*

Grammatischer Wechsel ist noch lebendig bei den Verben auf *h* (*dîhen;* ein Rest im nhd. Adj. *gediegen*) und *d: lîden, lîde, leit, liten, geliten.* – Über den Stammvokal des Part. Praet. s. § 5, 1.

Anm. 1. *leit* statt zu erwartendem *leid* beruht nicht auf Ausgleich des Wechsels, sondern auf der mhd. Auslautverhärtung (s. § 41).

Anm. 2. Bei *rîsen* ist der Wechsel *s - r* bereits im Abbau begriffen; das Durchdringen des *s* führt zu Doppelformen: Plur. Praet. *rirn* und *risen* usw.

Anm. 3. *lîhen* aus altem **lîxwan* sollte grammatischen Wechsel *h - w* haben, der noch nachklingt in mhd. Part. Praet. *geliuwen, geluwen*, neben *geligen, gelihen.*

§§ 105. 106. Abl. Verba: Kl. II. Kl. III   47

Anm. 4. Das Verb *spîwen* bildet im Praet. Sg. regelrechtes *spê*, daneben aber nach dem Muster von *schrîen, schrei* ein neues Praet. *spei*, während *schrîen* ein *schrê* bildet. Beide Verba beeinflussen sich auch im übrigen gegenseitig so, daß im Plural Praet. und Part. bunte Mischformen entstehen; so *schriuwen, schrûwen, geschriuwen* und die merkwürdigen Formen mit unerklärtem („innerem") *r: schrirn, spirn, geschrirn, gespirn*.

Anm. 5. *swîgen* (ahd. Praet. *swîgêta*) ist erst im Mhd. zu den starken Verben (Praet. *sweic*) übergetreten.

§ 105. Klasse II.
Idg.   V *eu̯*   A *ou̯*   S *u*
Germ. V *eo/iu*   A *au*   S *u/o*

Die Verba dieser Klasse teilen sich, wie die von Klasse I, im Ahd. Mhd. in zwei Gruppen: a) Verba auf Labial und Guttural (außer germ. *h*) mit *ou* in der 1.3.Sg.Praet.: *ie, iu,* (§ 5,3), *ou, u, o;* b) Verba auf Dental und germ. *h*, vor denen germ. *au* > *ô* wird (s. § 24): *ie, iu, ô, u, o*.

Beispiele: a) *biegen, biuge, bouc, bugen, gebogen.* Ebenso u.a. *triegen, fliegen, kriechen, klieben*.

b) *bieten, biute, bôt, buten, geboten.* Ebenso u.a. *sieden, fliezen, diezen, ziehen, kiesen, verliesen* (verlieren).

Grammatischer Wechsel ist in dieser Klasse noch ganz lebendig bei Verben auf *d* (*sieden, sôt* mit Auslautverhärtung, *suten, gesoten*), *h* (*ziehen, zôch, zugen, gezogen*) und *s* (*verliesen, verlôs, verlur(e)n, verlorn*).

Anm. 1. *fliehen* hat (schon ahd.) den Wechsel aufgegeben.

Anm. 2. Verba auf *w* (z.B. *riuwen, bliuwen, kiuwen*) haben im Praesens die Brechung nicht und im Praet. Plural und Part. Praet. langes *û: riuwen, riuwe, rou, rûwen, gerûwen*.

Anm. 3. Von Verben mit langem *û* (statt *ie, iu*) im Praes. besitzt das mhd. noch *lûchen* (schließen), *sûgen, sûfen* (Praet. *souf, suffen, gesoffen*); *brûchen* ist schwaches Verbum geworden.

§ 106. Klasse III.
Verba auf Liquida oder Nasal + Konsonant *[k]*, auch Doppelliquida oder Doppelnasal.
Idg.   V *el[k]*   A *ol[k]*   S *l̥[k]*
       V *en[k]*   A *on[k]*   S *n̥[k]*

Die im Ahd. Mhd. vorhandene Teilung in zwei Gruppen ist hier bereits ererbt, da vor Nasal + [k] schon gemeingermanisch *ë* zu *i* wurde und in derselben Stellung auch die Brechung von *u* zu *o* nicht eintrat (§ 5); mithin
Germ. a) V *ël[k]/il[k]*   A *al[k]*   S *ul[k]/ol[k]*
      b) V *in[k]*   A *an[k]*   S *un[k]*
Im Mhd. entsprechen die Vokale:

a) *ĕ, i, a, u, o*
wĕrfen, wirfe, warf, wurfen, geworfen, ebenso u. a.: *wĕrden, wĕrben, stĕrben, hĕlfen, gĕllen, wĕrren*.

b) *i, i, a, u, u*
singen, singe, sanc, sungen, gesungen; ebenso u. a. *dringen, klingen, vinden, binden, sinken, swimmen, brinnen*.

Der grammatische Wechsel ist in dieser Klasse meist ganz zugunsten des Praesenskonsonanten ausgeglichen; ein seltener Rest in älteren Texten ist *wurten* neben gewöhnlichem *wurden*. Umgekehrt geschah Ausgleich zugunsten des stimmhaften Lautes in *swĕlgen* neben *swĕlhen* schlucken.

Anm. 1. *beginnen* hat neben *bigan* ein schwaches Praet. *begunde* usw. (im Plur. keine starke Form, im Konj. Sg. schwach, Pl. stark).

Anm. 2. *bringen* hat im Praet. fast ausschließlich die schwachen Formen *brâhte*, Konj. *brœhte*, Part. *brâht*; nur ganz vereinzelt das st. Praet. *branc, brungen*, Part. *brungen*.

Anm. 3. Verba, bei denen die Liquida vor dem Vokal steht wie *flĕhten, brĕsten, lĕsken* gehören ursprünglich auch in die Klasse, sind aber im Mhd. in die Klasse IV übergetreten, doch hat das Md. von *flĕhten* die Form *fluhten* nach III bewahrt, nach der dann analogisch auch *fuhten* zu *fĕhten* gebildet ist.

§ 107. Klasse IV.

Verba auf einfache Liquida oder einfachen Nasal (doch s. Anm. 3 und § 106, Anm. 3).

In dieser und der folgenden Klasse V treten im Pl. Praet. die Dehnstufe (*ē:* got. *nēmum*) und im Part. Praet. die Reduktionsstufe (idg. ь) auf.

Anm. 1. Der Unterschied im Stammvokal des Part. Praet. von Klasse IV und V beruht auf der verschiedenen Entwicklung von idg. ь: es wird vor Liquida oder Nasal zu germ. *u*, vor Geräuschlaut oder Spirans aber zu germ. *ĕ*.

Idg.   V *el*   A *ol*   D *ēl*   R *ьl*
Germ. V *el/il* A *al* D *ēl* > wgerm. *āl*   R *ul/ol*

Darnach sind die Vokale der fünf Stammformen im Mhd.: *ĕ, i, a, â, o*
stĕln, stil(e), stal, stâlen, gestol(e)n
nĕmen, nime, nam, nâmen, genomen

Ebenso u. a. *quĕln, bĕrn; zĕmen* und die in Anm. 3 genannten Verba.

Anm. 2. Grammatischer Wechsel kommt in dieser Klasse nicht vor.

Anm. 3. In diese Klasse gehört im Mhd. eine Reihe von Verben, die ihrem Stamm nach in anderen Klassen zu erwarten wären; nämlich a) Verba mit Stammauslaut *ch* und *ff* und Liquida vor dem Vokal, so *brĕchen, sprĕchen, trĕffen*, die schon ahd. in Klasse IV statt III sind. b) Die schon in § 106, Anm. 3

genannten, die im Ahd. noch in Klasse III sind. c) Verba, ohne *r*, die in Klasse V zu erwarten wären, aber nach dem Muster von Verben der Klasse IV umgeformt sind: *fëhten* nach *flëhten*, *stëchen* nach *brëchen*.

Anm. 4. Das Verb *quëmen* zeigt die Normalformen nach *nëmen* noch im Md. Im Obd. ist eine schon spätahd. beginnende Wandlung durchgeführt: im Praes. wird *quë* zu *ko (komen)*, *qui* zu *ku, kü (ich kume, er kümt)*, das Praet. heißt unter Aufgabe des Labials alem. *kam, kâmen*, bair. *kom, kômen*.

§ 108. Klasse V.

Verba auf einfachen Geräuschlaut *[k]*. (Über D und R s. § 107 u. Anm. 1.)

Idg.   V *e[k]*   A *o[k]*   D   *ē[k]*   R ь*[k]*
Germ. V *ë[k]/i[k]* A *a[k]* D *ē[k]* > wgerm. *ā[k]* R *ë[k]*

Darnach entsprechen im Mhd. in den fünf Stammformen die Vokale *ë, i, a, â, ë*

gëben, gibe, gap, gâben, gegëben

Ebenso u. a. *trëten, genësen, lësen, jësen, wësen, ëȝȝen, jëhen, sëhen*.

Anm. 1. Der grammatische Wechsel ist in dieser Klasse stark abgebaut: bei *quëden* ist nichts mehr belegt, bei *geschëhen* vereinzeltes *geschâgen*, zu *jëhen* md. *gejigen*, dagegen bei Verben auf *s* neben seltenem *gelërn, genërn* regelmäßig mhd. *jâren* und bleibend *wâren*, aber *gejësen, gewësen*. Der bei *sëhen* zu erwartende Wechsel *h - w* ist mhd. nicht belegt; seltenes *sâgen* ist bereits Ersatz (nach *geschâgen*).

Anm. 2. *ëȝȝen* und *vrëȝȝen* haben im Praet. Sg. *âȝ* und *vrâȝ* (Übertragung aus dem Pl., oder alte Reduplikation?).

Anm. 3. *geschëhen* hat mfrk. schwaches Praet. und Part.: *geschiede, geschiet*.

Anm. 4. Die drei *j*-Praesentia *bitten, ligen, sitzen* (Praet. *bat, lag, saȝ* usw.) haben das *i* im ganzen Praes. und im Imperativ die Endung *-e* wie die schwachen Verba der ersten Klasse, und wie bei diesen ist in der 2. 3. Sg. Praes. ursprünglich keine Gemination (wegen westgerm. **biddju, bidis, bidit*). Das führt im Mhd. durch Ausgleich zu den Doppelformen *bitten* und *biten*, während bei *sitzen* die Form mit Gemination, bei *ligen* die ohne Gemination (daneben seltenes *licken*) allein herrscht.

§ 109. Klasse VI.

Grundlage dieser Klasse ist nicht der *e/o*-Ablaut. Hinter dem einfachen Ablautschema germ. *a* (für Praes. und Part. Praet.) – germ. *ō* (für gesamtes Praet.) verbirgt sich der Zusammenfall idg. verschiedener Verbalbildungen: 1. Verba mit schwundstufigem Praes. (idg. *ə* > germ., mhd. *a*) und langvokaliger Vollstufe im Praet. (idg. *ō, ā(?)* > germ. *ō* > mhd. *uo*), 2. Verba mit vollstufig *ó* (> germ., mhd. *a*) im Praes. und Dehnstufe (idg. *ō* > germ. *ō* > mhd. *uo*) im Praet.

Die fünf Ablautstufen für das Mhd. sind: *a, a, uo, uo, a*

tragen, trage, truoc, truogen, getragen.

Ebenso u. a. *graben, laden, schaffen, varn, slahen;* hierzu treten drei Verba, die *j*-Praesentia und infolge davon Umlaut im Praesens haben: *swerien (swuor, geswar[e]n), heben, entseben.*

Anm. 1. Der in dieser Klasse auftretende grammatische Wechsel *h - g, f - b* ist innerhalb des Praet. bereits zugunsten des Plurals ausgeglichen, also *slahen, sluoc* (mit Auslautverhärtung), *sluogen, geslagen,* bei *heben*(seltener *heven), huop* usw., mit weitergehendem Ausgleich im Praes., ebenso bei *entseben* (ahd. *entseffen), entsuop, entsaben.*

Anm. 2. Ein *n*-Praesens ist *backen (kk* aus *kn), buoch, buochen, gebachen.*

Anm. 3. Praesenserweiterung durch *n* und *j* zeigt *gewähenen* erwähnen, mit grammatischem Wechsel *gewuoc, gewuogen, gewagen.*

Anm. 4. Das zu *stuont, stuonden, gestanden* gehörende Praesens (ahd. *stantan)* hat das Mhd. aufgegeben. Als Ersatz dient *stân, stên* (s. § 125). – Ahd. *stantan* (got. *standan*) hat im Praes. ein *n*-Infix, das erst einzelsprachl. in das Praet. eindringt; noch mhd. vereinzelt *stuot* (got. regelmäßig *stôþ*).

2. Reduplizierende Verba

§ 110. Die außerhalb der Klassen I–VI stehenden starken Verba, manchmal als Klasse VII zusammengefaßt, werden herkömmlicherweise als (ehemals) reduplizierende Verba bezeichnet, weil sie im Gotischen ihr Praeteritum mit Reduplikation des Stammanlautes, teils auch zusätzlich mit Ablaut bilden *(haitan – hai-hait, lētan – lai-lōt).* Im Mhd. ist, wie im Ahd., davon keine Spur mehr vorhanden; dagegen zeigen diese Verba im Deutschen nun einen dem Ablaut ähnlichen Vokalwechsel im Praeteritum, den man als ‚jüngeren Ablaut' bezeichnen kann. Das Part. Praet. hat stets den Vokal des Praesens.

Anm. 1. Ob dieser Vokalwechsel mit dem Verlust der Reduplikation zusammenhängt, ist noch durchaus strittig.

§ 111. Diese Verba bildeten ursprünglich zwei im Ahd. noch scharf getrennte Gruppen. Die erste hatte im Praet. ein germ. $ē^2$ (ahd. *ea, ia*), die zweite germ. *eu* (ahd. *eo, io*). Da beide Laute spätahd., mhd. zu *ie* geworden waren, fällt dieses Unterscheidungsmerkmal fort; es hat nur sprachgeschichtliche Bedeutung, wenn die Gruppeneinteilung auch in der mhd. Grammatik beibehalten wird.

A. **Die erste Gruppe** (VIIa) enthält Verba mit den Praesensvokalen *a, â* und *ei*. Der konsonantische Auslaut bei den Verben mit *a* ist: *ll, nn, l* + Kons., *n* + Kons., *r;* auf den Vokalwechsel hat er keinen Einfluß.

1. *halten, halte, hielt, hielten, gehalten.* Ebenso u. a. *spalten, vallen, walten, bannen;* mit *j*-Praes. *ern, ier, gearn;* mit sekundärer Dehnung und

§§ 112. 113. Schwache Verba: Kl. I

grammatischem Wechsel *vâhen* (aus **vanxan*), *vienc, viengen, gevangen* und *hâhen*. Neben *vâhen, vienc, hâhen, hienc* stehen die kontrahierten Formen *vân, vie, hân, hie*, s. § 125, Anm. 3.

2. *lâʒen, lâʒe, lieʒ, lieʒen, gelâʒen*. Ebenso u. a. *râten, slâfen, blâsen*. Neben *lâʒen, lieʒ* stehen die kontrahierten Formen *lân, lie*, s. § 125, Anm. 3.

3. *heiʒen, heiʒe, hieʒ, hieʒen, geheiʒen*. Ebenso: *scheiden, meiʒen* (schneiden).

B. Die zweite Gruppe (VIIb) enthält Verba mit den Praesensvokalen *ou*, vor Dental *ô*, und *uo*.

1. *loufen, loufe, lief, liefen, geloufen*. Ebenso: *houwen*. (Im Praet. bei beiden Verben obd. auch *iu: liuf, hiu, hiuwen*.)

2. *stôʒen, stôʒe, stieʒ, stieʒen, gestôʒen*. Ebenso *schrôten*.

3. *ruofen, ruofe, rief, riefen, geruofen*. Ebenso: *wuofen* klagen.

Anm. 1. In der 2. 3. Sg. Praes. ist durch die alte Endung die Voraussetzung für den Umlaut gegeben; doch ist dieser sehr ungleich durchgeführt: selten in Gruppe VIIa, 1 und VIIb, 1, etwas häufiger in VII b, 2. 3.

Anm. 2. Übergang in die schwache Flexion zeigt *ern*. Von *bûwen* hat das Mhd. neben *gebûwet* noch Part. Praet. *gebûwen* als einzigen Rest der ursprünglichen st. Flexion.

B. Schwache Verba

1. Bildung des Praesensstammes

§ 112. Ihrer Praesensbildung nach zerfallen die schwachen Verba ursprünglich in drei Klassen, die Verba auf *jan, ôn* und *ên*: ahd. **suochjan* > *suochen, salbôn, lëbên*. Im Mhd. ist dieser Unterschied großenteils verdunkelt oder ganz beseitigt: *suochen, salben, lëben*.

§ 113. Die erste Klasse enthält neben nicht sehr zahlreichen primären Verben eine große Anzahl von Denominativen und Kausativen. Solche sind mit Hilfe des *j*-Elementes abgeleitet: 1. von Adjektiven wie zu *alt*: **altjan* > *elten* alt machen, zu *voll*: **fulljan* > *füllen*. 2. von starken Verben. Ausgangspunkt bildet dabei die Stammform der 1. 3. Sg. Praet.; z. B. zu *brinnen, brann* – **brannjan* > *brennen*; *biegen, bouc* – **bougjan* > *böugen*; *nîgen, neic* – **neigjan* > *neigen*; *varn, fuor* – *füeren*.

Im Mhd. ist das *j* außer nach *r* (*nerjen* neben später herrschendem *nern*) und nach langem Vokal (*sæjen, blüejen* neben *sæen, blüen*) verloren: der Infinitiv endet auf -*en*: *hœren*. Das einstige Vorhandensein des *j* zeigt sich noch in der Gestalt der Wurzel:

1. Altes *ë* ist zu *i* geworden: *rëht*, aber *rihten*.
2. Umlautsfähiger Vokal ist umgelautet: *füllen, hœren, brennen*.

3. Der auslautende Konsonant ist geminiert *(zellen, setzen)*, soweit nicht spätere Vereinfachung eintrat *(hœren* usw.; s. § 31). Wechsel in der Gestalt der Wurzel ergab sich, da in der 2. 3. Sg. Praes. und 2. Sg. Imp. vor dem *i* der Endung bereits gemeingermanisch das *j* wegfiel, so daß hier keine Gemination entstand, also Praes. 1. 2. 3. ahd. *zellu, zelis, zelit,* Imp. *zeli,* mhd. *zelle, zelst, zelt, zel,* Plur. *zellen.* Dies führt vielfach zu Ausgleich und Doppelformen: *zellen – zeln.* Bei den Verben, bei denen die Gemination im Hd. zur Affricata führte, ist diese früh überall fest geworden, z. B. *setzen, ër setzt; knüpfen, ër knüpft,* seltener dagegen ist der Ausgleich zur Spirans: *grüeʒen (grüeʒen), sleifen (sleipfen);* auch geminiertes germ. *k* bleibt meist fest: *decken, deckt* u. a. Gemination von *g* wird jedoch früh aufgegeben: *legen,* selten älteres *lecken.*

§ 114. Die **zweite Klasse** enthält neben primären Verben gleichfalls zahlreiche Denominativa. Das *ô* dieser Verba ist im Mhd. zu *e* abgeschwächt, wie *salbôn* > *salben, machen, zwîveln, dienen, sünden* (mit dem nicht aus der Verbalbildung stammenden Umlaut des Substantivs *sünde*).

Anm. 1. Praesensformen mit erhaltenem *ô* (Reime wie *ër zwîvelôt : nôt*) sind selten (§ 26); als *u* erscheint es öfter in bair. Part. Praes. wie *dienunde : munde.*

§ 115. Die **dritte Klasse** enthält zahlreiche Verba inchoativer Bedeutung, die von Adjektiven abgeleitet sind; charakteristisch für sie ist die Umlautslosigkeit gegenüber den ebenfalls von Adjektiven abgeleiteten Kausativen der ersten Klasse: **langên* > *langen* (lang werden) gegen *lengen* (lang machen); *vollen* (voll werden) gegen *füllen* usw.

§ 116. Die lautliche Entwicklung hat im Mhd. abgesehen von vereinzelten Restformen also im Praesens zu völligem Zusammenfall der Klassen II und III geführt. Auch die Verba der Klasse I, die keinen umlautsfähigen Vokal haben und bei denen die Gemination nicht deutlich erhalten ist (z. B. *neigen*), unterscheiden sich in nichts mehr von den Verben der Klassen II und III.

2. Bildung des Praeteritums und des Partizipiums Praeteriti

§ 117. Die schwachen Verba bilden ihr Praeteritum und Part. Praet. mit Hilfe eines Dentalsuffixes, das im Ahd. und Mhd. als *t* auftritt.

Anm. 1. Die beiden Dentale sind nicht gleicher Herkunft. Das Part. Praet. ist ein altes Verbaladjektiv mit idg. *t* (vgl. lat. *amatus*), das über germ. *þ* > ð (Vernersches Gesetz, § 50) zu hd. *t* wurde; der Dental des Praet. geht auf germ. ð < idg. *dh* zurück. Der Ursprung dieser Bildung ist noch nicht befriedigend erklärt; sehr wahrscheinlich sind hier u. a. verschiedene idg. Bildungen zusammengefallen.

§ 118. Als Bindevokale zwischen Wurzel und Dentalsuffix dienten ursprünglich die für die drei Klassen charakteristischen Vokale *i, ô, ê*, die im Mhd., soweit erhalten, zu *e* werden mußten, so daß volle Gleichheit der Bildungen zu erwarten wäre. Neue Verschiedenheiten ergeben sich aus dem späteren Schicksal dieses Bindevokals.

1. In der ersten Klasse ist bei ursprünglich lang- und mehrsilbigen Verben frühahd. vor der Zeit des Umlauts der Bindevokal (germ. *i*) im Praet. unterdrückt worden, so daß im Praet. dieser Verba kein Umlaut eintrat, während sie im Praes. Umlaut haben. Das Mhd. hat diesen Stand beibehalten, bildet also regelmäßig *hœren – hôrte, füeren – fuorte, brennen – brante, antwürten – antwurte*, bei nicht umgelautetem Praes. entsprechend *neigen – neicte, gelouben – geloupte*.

Md. Mundarten haben nicht selten Formen mit Bindevokal und Umlaut.

Die Erscheinung des umlautlosen Praet. neben umgelautetem Praesensvokal nannte J. Grimm. vom Praesens ausgehend, Rückumlaut. Von manchen Verben sind Praeterita mit unhistorischem Rückumlaut gebildet worden, so *dûte* zu *diuten*, das im Praes. nicht Umlaut von *û*, sondern Diphthong hatte; ebenso *lûhte* zu *liuhten* und besonders häufig *kârte, lârte* zu *kêren, lêren* mit Part. *gekârt, gelârt*.

2. Den alten langsilbigen Verben hatten sich schon früh andere Verba angeschlossen:

a) die durch die westgerm. Gemination und die hd. Lautverschiebung im Praesens langsilbig gewordenen Verba auf germ. *t, p, k*, hd. Praes.: *tz, pf, ck*, z.B. mhd. *setzen – sazte, knüpfen – knupfte, wecken – wahte*. Hier ist bei Verben auf Dental und Labial statt der im Praet. zu erwartenden Spirans *zz, ff* früh die Affricata des Praes. durchgeführt worden, während beim Guttural der nicht geminierte Laut (**wakida* > *wahhita* > *wahta, wahte*) bis ins Mhd. erhalten blieb.

b) Die Verba auf germ. *d* und *l*, hd. Praes. *tt* und *ll*, haben Doppelformen, zu *zellen: zel(e)te* und *zalte*, zu *retten: retete* und gewöhnlich *ratte*.

3. Erhalten blieb der Bindevokal ursprünglich bei anderen alten kurzsilbigen Verben, wie ahd. *nerita* zu *nerjen, legita* zu *legen*.

4. Ebenso ist der Bindevokal bei den Verben der zweiten und dritten Klasse zunächst erhalten: *salbete; lebete, sagete*. Im Alem. sind Formen mit Erhaltung des *ô* nicht selten (*schouwôte: nôte* u.a.; vgl. § 26).

5. Im Mhd. vollzieht sich weiterer Verlust des Bindevokals:

§§ 118–120. Das schwache Praeteritum

a) Bei den kurzsilbigen auf *r* und *l* fällt das *e* nach der allgemeinen mhd. Regel (s. § 28) und zwar nicht nur bei den Verben der ersten Klasse wie in *nerete > nerte*, sondern auch bei solchen der zweiten und dritten Klasse: *spilôta > spilete > spilte, dolêta > dolete > dolte*.

b) Aber auch bei andern Verben der 2. 3. Klasse, besonders bei langstämmigen, vollzieht sich der Wegfall im Laufe der mhd. Zeit mehr und mehr: *machete > machte, schou(we)te; wâg(e)te, lëb(e)te, sag(e)te;* zwischen Dentalen (entgegen dem nhd. Gebrauch): *ahtôta > ahtete > ahte, wartete > warte*.

Das Endresultat all dieser Wandlungen ist, daß es schließlich innerhalb der Menge der schwachen Verba nur noch den einen Unterschied gibt; 1. die Verba mit Rückumlaut der alten ersten Klasse und 2. die Verba ohne Rückumlaut: die alten Verba der zweiten und dritten Klasse und von der ersten Klasse die Verba ohne umlautsfähigen Vokal und die alten kurzsilbigen Verba.

§ 119. Im Part. Praet. wird der Bindevokal in der Hauptsache behandelt wie im Praeteritum.

1. Verba, die im Praet. den Bindevokal bewahren, behalten ihn auch im Part. Praet.: *denete – gedenet, salbete – gesalbet, sagete – gesaget* (kontrahiert *geseit;* s. § 39). Das Alem. hat noch häufiger als im Praet. Reste mit erhaltenem *ô;* z. B. *verwandelôt: nôt* (s. § 118,4).

2. Bei Verben ohne Bindevokal im Praet. ist dieser auch im Part. unterdrückt, wo er in der Mittelsilbe stand, also in der Flexion, als Endsilbenvokal dagegen, in der sog. unflektierten Form, ist er erhalten (mit Umlaut in der Wurzel); also: *gebrennet,* D. *gebrantem; gehœret,* G. *gehôrtes*.

Anm. 1. Kurzsilbige Verba auf *-r* haben den Vokal nach mhd. Regel getilgt: *genert,* solche auf *-l* zeigen Doppelformen: *gezalt* und *gezel(e)t*. Auch im übrigen macht die Unterdrückung des Bindevokals im Laufe der mhd. Zeit die gleichen Fortschritte wie im Praet.: *gemacht, geahtet > geaht*.

§ 120. Eine kleine Gruppe von Verben hatte, wie an der Lautgestalt und z. T. auch an den gotischen Formen zu erkennen ist, schon gemeingermanisch ein dentales Praeteritum ohne Bindevokal und ein ebensolches Part. Praet.; dieses war wohl als vorgermanisches Verbaladjektiv Ausgangspunkt der Bildung. Im Mhd. sind solche Formen vorhanden von *denken (dâhte < *þanxta* nach §§ 51. 17, *gedâht), dünken (dûhte, gedûht), wurken (worhte, geworht)* und mit Ablaut *bringen (brâhte, gebrâht;* vgl. § 106 A. 2). Auch *forhte, geforht* von *fürhten* und *brûhte* gehören wohl dazu.

Im Konj. Praet. haben diese Verba, abweichend von den Verben mit jungem Verlust des Bindevokals, Umlaut: *dœhte, diuhte*.

Kap. IV. Reste besonderer Verbalbildung

A. Praeteritopraesentia

§ 121. In den verschiedensten idg. Sprachen finden sich Verba, deren Praesens die Bildung eines ablautenden Praeteritums (= idg. Perfekt) zeigt: ind. *véda – vidmá*, gr. οἶδα – ἴδμεν, got. *wait – witum*, mhd. *weiʒ – wiʒʒen*. Diese Verben nennt man Praeteritopraesentia. Da ihr Praesens Ablaut und Flexion eines ablautenden Praeteritums zeigt, teilt man sie nach den Klassen der ablautenden Verben ein. Das Mhd. besitzt, z. T. nur noch in Restformen, zehn solche Verba (Vgl. Tabelle S. 56).

Anm. 1. Diese Verba bilden von dem im Plural vorliegenden Stamm neue Praesensformen: einen Infinitiv, der 3. Person Pl. gleichlautend, und ein Partizip. Ebenfalls von demselben Stamm ausgehend bilden sie neue Praeterita nach dem Muster der schwachen Praeterita, doch stets ohne Bindevokal; die Flexion ist die der schwachen Praeterita.

Anm. 2. In den 2. Sg. Praes. ist die vom starken Verbum im Westgerm. aufgegebene idg. Perfektendung auf Dental hier in regelrechter Form in *darft, solt, maht* beibehalten. Bei den auf ʒ ausgehenden Verben, bei denen die Endung *ss* zu erwarten wäre, ist *t* restituiert. Von hier aus ist die Endung *st* nach dem Muster der anderen zweiten Personen bei den andern Praet.-Praes. durchgeführt: *ganst, kanst* (schließlich begegnen auch spätmhd. die Formen *darfst, mahst, magst*).

Anm. 3. Im Plural und Infinitiv begegnen neben den regelrechten Formen ohne Umlaut wohl unter Einfluß des Konjunktivs auch umgelautete: *tugen - tügen, muoʒen - müeʒen* usw.

Anm. 4. Das *ss* im Praet. *wisse* und mit Brechung *wësse* ist alt und besonders obd. belegt. Verbreiteter sind die jüngeren Bildungen *wiste* und *weste; wuste* ist zunächst ostmd. – Die Part. *gewist, gewest* und *gewust* sind entsprechende Neubildungen; das alte Part. *gewiʒʒen* ist nicht sehr häufiges Adjektiv.

Anm. 5. Der Pl. *eigen*, der Konj. *eige* und das zum Adj. gewordene (und als solches auch noch nhd. erhaltene) Part. *eigen* sind die einzigen noch vorhandenen Formen des germ. **aih* (= engl. *to owe*). Alle andern sind zugunsten von *haben* aufgegeben.

Anm. 6. *touc* ist unpersönlich; deshalb sind nur die 3. Personen möglich; das Part. *tugende* ist Adjektiv. Das Verb geht im Laufe der mhd. Zeit in ein gewöhnliches schwaches Verbum *tougen* über.

Anm. 7. Das Praet. *konste* (ahd. *konsta*) ist nur noch mfrk.

Anm. 8. Der alte Anlaut *sk* von *suln* ist im größten Teil des Gebietes schon früh zu *s* erleichtert. Anlautendes *sch-* findet sich bairisch, aber auch md. – Md. ist *sal* häufig, obd. herrscht *sol*.

Anm. 9. Zur 2. Sg. von *muoʒ: muost* s. Anm. 2. Das Praet. *muose* usw. (durch Erleichterung der Geminata aus **muossa*) wird im Laufe des Mhd. durch *muoste* verdrängt.

§ 121. Verba Praeteritopraesentia

Praeterito-Praesentia

Übersicht über die im Mhd. vorherrschenden Formen. Für den Pl. Praes. steht jeweils die 3. Person, mit welcher der Infinitiv gleich lautet. Über Einzelheiten s. die Anmerkungen.

Ablautsreihe	1. 3. Sg. Praes.	2. Sg. Praes.	3. Pl. Praes. und Infinitiv	1. Konj. Praes.	Part. Praes.	Praet. u. Konj. Praet.	Part. Praet.
I	weiz	weist	wiʒʒen	wiʒʒe	wiʒʒende	wisse, wësse wiste, weste wuste	gewiʒʒen; gewist, gewust
II	touc	—	eigen	eige	—	—	eigen
			tugen, tügen	tüge	tugende	tohte, Konj. töhte	
III	gan	ganst	gunnen, günnen	günne, gunne		gunde, Konj. günde	gegunnen, -et
	kan	kanst	kunnen, künnen	künne, kunne		kunde, Konj. künde konste	
IV	darf	darft	durfen, dürfen	dürfe, durfe		dorfte, Konj. dörfte	bedorft
	tar	tarst	turren, türren	türre, turre		torste, Konj. törste	
	sol, sal	solt, salt	suln, süln	sül, sul		solde, Konj. sölde	
VI	muoʒ	muost	muoʒen, müeʒen	müeʒe		muose, Konj. müese muoste, Konj. müeste	
?	mac	maht	magen, megen mugen, mügen	mege müge	megende mugende	mahte, Konj. mähte mohte, Konj. möhte	

Anm. 10. Die Zuordnung von *mac* zu Klasse IV der st. Verba ist unsicher. Im Plural des Praes., im Infinitiv, Partizip und im neuen Praet. sind die Formen mit *a* bzw. *e* die älteren, die langsam den Formen mit *u* bzw. *ü* weichen.

Anm. 11. Die übrigen im Germ. noch belegten Praeterito-Praesentia (got. *lais, man, ôg,* ahd. *ganah*) sind mhd. nicht mehr belegt. Zu got. *lais* gehört als Kausativ mhd. *lêren*.

B. Verba auf *-mi*

§ 122. Die Endung der 1. Pers. Ind. Praes. auf idg. *-mi,* im Ahd. noch in der Form *-n* bei den schwachen Verben der zweiten und dritten Klasse erhalten, ist im Mhd. in diesen Klassen im größten Teil des Gebietes aufgegeben; s. § 102. Erhalten blieb sie nur in einer kleinen Gruppe von Verben ganz anderer Bildung in den Formen *ich bin, tuon, stân, gân.* Für die Flexion dieser Verba ist weiter charakteristisch, daß die Endungen im Praes. ohne Bindevokal an die Wurzel antreten; die Praeterita zeigen besondere Bildungen.

§ 123. Das Verbum *sîn* nebst den zur Ergänzung und als Ersatz dienenden Formen des Verbums *wësen*.

Praesens

Indikativ	Konjunktiv	
Sg. 1. bin	sî (alem. *sîge, sîe*);	wëse
2. bist	sîst	wësest *usw.*
3. ist (*md.* is)	sî	
Pl. 1. birn, sîn, sint	sîn	
2. birt, sît	sît	
3. sint (sîn)	sîn	

Imp. 2. Sg. bis; wis
2. Pl. sît; wëset
Infinitiv: sîn; wësen

Praeteritum

Indikativ	Konjunktiv
Sg. 1. 3. was, 2. wære,	wære, -est, -e
Pl. wâren *usw.*	wæren *usw.*

Partizip
(gesîn); gewësen (gewest)

Mundartlich beschränkte Formen in Klammern.

Vom Paradigma *sîn* sind die 3. Sg. und Plur. Ind. Praes. sowie der ganze Konjunktiv Bildungen von der Wurzel **es* (vgl. lat. *esse*). Die 1. 2. Sg. Ind. und die an erster Stelle stehenden Formen der 1. 2. Plur. Ind. Praes. sind ebenfalls von dieser Wurzel gebildet, haben jedoch von einer zweiten

Wurzel (idg. *bhu-, vgl. lat fui) den Anlaut b erhalten. Von diesen „Kontaminationsformen" kommen *birn* und *birt* im Laufe der mhd. Zeit außer Gebrauch und werden durch die aus dem Konjunktiv stammenden Formen *sîn*, *sît* ersetzt.

Außerdem dringt die 3. Person *sint*, zuerst im Md., in die 1. Person Plur. ein, während umgekehrt md. *sîn* auch in die 3. Person eintritt. Eine weitere md. Eigenheit ist die 3. Sg. *is*.

Im Konj. Praes. begegnen alem. zweisilbige Formen *sîge*, *sîe*, die nach dem Muster der Konjunktive der anderen Verba gebildet sind.

Vom Verbum *wësen* (st. Verb., Klasse V mit grammatischem Wechsel) werden die folgenden Formen gebraucht:

1. Der Konj. Praes. *wëse* usw. neben *sî*.
2. Die 2. Sg. Imper. *wis*, wonach *bis* wohl erst neu gebildet ist, 2. Pl. *wëset* neben *sît*.
3. Der Inf. *wësen* neben vorwiegendem *sîn*.
4. Das Praet. ausschließlich; ein Praet. von der Wurzel *es* gab es nie.
5. Das Part. Praet. allgemein *gewësen*, mundartlich (ostmd., ostfrk.) *gewëst*, neben denen *gesîn* nur beschränkt (alem.) gebraucht wird.

§ 124. Das Verbum *tuon* (Paul § 175).

Praes.

	Indikativ	Konjunktiv
Sg. 1.	tuon (tuo)	tuo (alem. tüje *usw.*)
2.	tuost (deist)	tuost
3.	tuot (deit)	tuo
Pl. 1.	tuon	tuon
2.	tuot	tuot
3.	tuont	tuon

Imp. 2. Sg. tuo
2. Pl. tuot
Inf. tuon
Part. tuonde

Praet.

	Indikativ	Konjunktiv
Sg. 1. 3.	tët(e), tet(e)	tæte (tëte *usw.*)
2.	tæte	tætest
Pl. 1. 3.	tâten (tëten)	tæten
2.	tâtet (tëtet)	tætet

Part. getân

§ 124. *tuon* – § 125. *gân/gên, stân/stên*

Die alte Praesensflexion ist durchaus erhalten; doch beginnt in der ersten Pers. Sg. *(tuo)* die Angleichung an die erste Pers. der Verba ohne konsonantische Endung.

Die mfrk. Formen *deist, deit* sind nach dem Muster von mfrk. *geist, geit* (s. § 125, Anm. 1) neugebildet.

Die zweisilbigen Formen des Konj. Praes. sind alemannisch.

Die 1. 3. Sg. Praet. ist der einzige Rest von Perfektreduplikation im Deutschen. Der Plur. Praet. ist nach den st. Verben der Klassen IV und V umgeformt und entsprechend dann auch die 2. Sg. *tœte* (daneben jüngeres *tâtest*).

Zum Pl. Ind. Praet. gibt es die Nebenformen *tëten* usw., dann auch für den ganzen Konj. Praet. *tëte* usw. Umgekehrt dringt der Umlaut *æ* auch in den Plur. Ind. Praet.: *tæten* usw.

§ 125. Die Verba *gân, gên* und *stân, stên* (Paul §§ 176 f.).

Die Flexion der Verba *gân* und *stân* ist im Praesens völlig gleich. Ebenfalls gleich ist bei beiden die Doppelform mit *â* und *ê*. Diese Formen sind im Gebrauch so verteilt, daß 1. im Konjunktiv die *ê*-Formen häufiger sind als die *â*-Formen, daß 2. *â* ursprünglich alemannisch und rheinfr. überwiegt, *ê* bairisch und mitteldeutsch. Doch werden in mhd. Dichtung auch solche Formen, die der eigenen Mundart der Verfasser nicht angehören, als bequeme literarische Reimwörter gern verwendet.

Beide Verba haben starke Verba gleicher Bedeutung neben sich, deren Formen ergänzend eintreten, s. Anm. 2 u. 3.

Als Paradigma des Praesens dient *gân*.

	Indikativ	Konjunktiv
Sg. 1.	gân, gên	gê, gâ, (gange *usw.*)
2.	gâst, gêst (geist)	gêst, gâst
3.	gât, gêt (geit)	gê, gâ
Pl. 1.	gân, gên	gên, gân
2.	gât, gêt	gêt, gât
3.	gânt, gênt	gên, gân

Infinitiv gân, gên
Imperativ gâ, gê (ganc)
Part. Praes. gânde, gênde   Part. Praet. gegân

Anm. 1. Neubildungen nach dem Muster der Verba mit Bindevokal sind mfrk. *geist, geit; steist, steit;* Pl. *gein, geit;* *stein* usw.

Anm. 2. Ergänzend treten im Konj. Praes. und Imp. und im Praet. die Formen der im Praes. Ind. im Mhd. nicht mehr gebrauchten st. Verba ahd. *stantan* (Klasse VI) und *gangan* (redupl.) ein:
Die Praeterita sind regelmäßige Bildungen nach den genannten Klassen:
Ind. *stuont*, (§ 109, Anm. 3) 2. P. *stüende;* Konj. *stüende* usw.
gienc, gie 2. P. *gienge;* Konj. *gienge* usw.
Dazu die Part. Praet. *gestanden* (selten *gestân*) und *gegangen* (daneben auch *gegân*). – Für *stuont* begegnet noch (selten) *stuot* (s. § 109, Anm. 4). – Neben *gienc* zu *gangen wird zu *gân* ein kurzes Praet. *gie* gebildet, das im Obd. überwiegt, aber als bequemer literarischer Reim auch außerhalb des Dialektgebietes, in dem es bodenständig ist, gern gebraucht wird.

Anm. 3. Nach dem Muster von *gie* bildete das Mhd. die kurzen Praeterita *hie* statt *hienc* zu *hân* (< *hâhen*), *vie* statt *vienc* zu *vân* (< *vâhen*) und *lie* statt *lieʒ* zu *lân* (< *lâʒen*), vgl. Paul §§ 179. 180

§ 126. Das Verbum *haben* > *hân* (Paul § 180).

Von *haben* werden, wenn es Hilfsverb ist, im Indik. Praes. die kontrahierten Formen *ich hân* usw. gebraucht, die ganz mit *gân* übereinstimmen. Im Konj. *(ich, er hâ)* sind sie selten.

Im Ind. Praet. besitzt das Mhd. eine aus der Kontraktion von *habêta, *hebita hervorgegangene bunte Reihe von Formen: *hâte, hatte; hete, hæte, hête, hiete* (bair.). Außer *hâte* und *hatte* sind sie alle auch im Konj. in Gebrauch.

Im Part. Praet. stehen neben den unkontrahierten *gehabet, gehebet* die kontrahierten *gehât, gehat*.

Anm. 1. Die zweite Pers. *du hœte* ist eine Neubildung zum Plur. *hâten* nach dem Muster der abl. Verba.

§ 127. Das Verbum „wollen" (Paul § 173).

Das Verbum „wollen" ist ursprünglich der indikativisch gebrauchte Optativ eines im übrigen verlorenen Verbums. Erhalten ist die alte Flexion nur im Sg. Praes.: 1. 3. Pers. *wil* (aus *wile*), 2. *wil, wilt*. Die 2. Pers. (ahd. *wili*) hat von den Praet.-Praes., zu denen das Verbum nicht gehört, die Endung -*t* übernommen.

Für alles andere, Pl. Praes., Konj. Praes. und Inf. dienen die Formen eines schwachen Verbums der ersten Klasse: *wellen* und *wollen*. Die *e*-Formen sind die älteren, sie bleiben im Obd. lange, z. T. bis heute, herrschend. Die *o*-Formen, im Ahd. fränkisch, sind im Mhd. vorwiegend md., breiten sich dann aber etwa seit 1300 auch obd. aus.

Das Praet. hat im Mhd., wie schon ahd. überwiegend, die *o*-Formen: Ind. *wolte* usw., Konj. *wolte* und *wölte* usw.

Zu § 101 ff.
Ahd.

wërdan

Sg. 1. wirdu
2. wirdis
3. wirdit
Pl. 1. wërdan
2. wërdet
3. wërdan

Sg. 1. 3. wërde
2. wërdês
Pl. 1. wërdên
2. wërdêt
3. wërdên

Sg. 2. wird
Pl. 1. wërdan
2. wërdet

wërdan

Sg. 1. 3. ward
2. wurti
Pl. 1. wurtum
2. wurtut
3. wurtun

Sg. 1. 3. wurti
2. wurtîs
Pl. 1. wurtîm
2. wurtît
3. wurtîn

(gi)wort